「語り論」がひらく
文学の授業

中村龍一
著

ひつじ書房

まえがき――新しい教材論・授業論のために

寝ころんで物語や小説を読むと愉しいのだが、教室で読むとどうしてつまらなくなってしまうのだろう。これは、だれもが思い当たる感慨ではないだろうか。私はこの難問を心根に棲まわせて、国語科教師として文学の〈読み〉の授業に挑んできた。文学の授業は面白い。一人で読むのも愉しいが、教室で、みんなで文学作品を読むことはこんなに面白い。面白いは深みにはまっていく愉しさだ。そんな文学の教室を夢見て、どうやらここまで辿り着いた。

私はこれまで教室で文学作品を読む理論として、西郷竹彦「視点論」、田近洵一「読書行為論」、田中実「第三項語り論」に多くを学び実践してきた。田近洵一の言語行動主体の形成をめざす読書行為論が中でも私の原点である。今、私は、田近「読書行為論」を出自として、田中実の「〈読み〉の原理」に共鳴し、文学の〈読み〉に新しい教材論・授業論を展開したいと考えている。

国語科学習は母語教育を基盤としている。そのために、ことばは伝達の道具であるとする生活言語の言語観に依拠してきた。つまり、「〜と書いてあります。」という文章中のことばに正解を求める学習はその典型である。伝達の道具としてのことばは、母語である日本語を実体とする世界観と言えよう。しかし、国語教育は、ことばが現実をつくっているとする言語観に転回する必要がある。日本語の約束事である言語事項（音声、表記、文法、字義等）も含め、ことばの概念は読者の属する言語文化共同体（私は日本語）での個人の言語経験に囲い込まれている。つまり、ことばは「意味の絶対」と対応してはいないのである。意味の世界はどこまでも底なしである。ただ、自分の属する言語文化共同体に生き、ことばの約束事を学び取った限りにおいての意味共有の濃淡がそこにはある。

　もちろん日本語を母語とする私たちの日常生活は、日本語の約束事を学び、共有しようとすることで成立している。日常生活で犬を猫と言うのは間違いである。そして、教室で日常言語の約束事を学ぶことは極めて大事である。しかし、言語学者のソシュールが言語の恣意性を喝破したとおり、ことばがものそのものを指し示すという言語観は間違いである。事実・真実は日本語の約束事の上に己に現象した「事実・真実」である。その意味で虚偽である。この言語観が国語教育での常識とならなくてはならない。つまり、ことばは「分かったこと」と、その外部の「分からないこと」を抱え込んでいる。

〈読み〉はすべからく読者のことばが現象させた世界である。他者の気持ちを想像するのも私のことばである。文学作品の〈読み〉は読者のことばによる物語＝〈本文〉の形成にある。そして、そこにはたらくのが「〈読み〉の原理」である。いかなる「〈読み〉の原理」も絶対ではないのだが、たとえその自覚があろうが無かろうが、誰もが何らかの「〈読み〉の原理（世界観）」の枠組みで物語や小説を読んでいる。それは赤ちゃんがおっぱいをのむような本能の行為ではなく、親のひざの上で「むかし、むかし、……」と読んでもらった時から始まり、幼稚園、小・中学校から現在までの文学経験で培われてきたものである。これまで文学作品の〈読み〉の授業が依拠している「読解論」、「視点論」、「語り論」には、それぞれの世界観がある。

田中の近代小説の「〈読み〉の原理」は「第三項語り論」である。それは、自分に現象した〈本文〉は思い込みであり、ことばの意味の虚偽性から抜け出せない。思い込みの〈本文〉は、底なしの井戸を抱え込んでいる。ところが、近代小説の語りには、「見えない《ホントウ》」が影となり仕掛けられており、〈文脈〉をどこまでも汲み上げることを可能にするのだという「第三項〈原文〉」の仮設にある。仮設と言うといかにも詭弁を弄していると思われる向きもあろうが、この田中の発明がこれまでの国語教育の物語や小説の〈読み〉を閉塞状況から解放し、新しい〈読み〉の地平をひらくと私は確信している。

価値は差異でしかないとするポストモダンの今日、文学の〈読み〉の学習は物語の表層であるストーリーの読みに押し込められてしまった。文学作品を言語技術や言語活動の学力習得のための学習素材に貶め、意味・価値を問わない読書活動で薄められている。しかし、文学作品の力そのものが発揮される文学の〈読み〉の学習が再生されなければならないと私は考える。

これまでの読書行為論に立つ〈読み〉の学習では、語られた物語内部（人物・もの・コトの関係）とそれに対して読者が批評する「物語批評」が「〈読み〉の原理」の最先端であった。しかし、読みとった物語は全て読者のことばの世界であるなら、そこに他者性はない。私の中での価値の発見・変容はものの見方の移動である。見方の移動にも意味はあるが、己の身を安全地帯に置いての選択になる。

芥川龍之介「鼻」の語り手は『今昔物語』や『宇治拾遺物語』の物語を借りて、近代人の自意識の病と格闘した。この物語と語り手の格闘に読者が己を置いて読むことこそ読書行為の要諦である。物語と語り手の相克を〈読み〉のセオリーとすることだ。ことば（物語）とことばの向こうの世界で成る「〈読み〉の原理」であり、

「深層批評」である。それは「表層のことばの裏に本当」があるとするこれまでの深層ではなく、読者がとらえたことばの向こう、底なしのカオスに私の《ホントウ》(仮設)を掘り起こす深層の〈読み〉である。近代小説には物語と語り手の格闘に読者の思い込みの制度を壊していく仕掛けが仕組まれている。その仕掛けに読者は己の思い込みを削ぎ落とされて、《意味の零度》の世界から、もう一度物語世界と向き合うことになるのである。この近代小説の仕組みが、これまでの物語の世界も囲い込み、物語と小説の〈読み〉に新たな世界をひらいていく。

最後に、読書行為論の学習過程についても触れておく。〈読み〉は、出来事の順序であるストーリーの読みから、語られた順序であるプロットの因果を紡ぐメタプロットの読みへと向かう。「そして、それから」のストーリーと語られた順序であるプロットの関係を、「なぜ、そう語ったのか」で読むことで意味は生成する。そこには、私の《ホントウ》を求めて、〈本文〉に内在する己のことばの制度を焼き尽くし、「《原文》の影」を深層で掘り起こそうと格闘する語り手がいる。そして、その格闘の果てで、一つの思想に吸収されていく「物語」と、見えない闇と向き合う「小説」のどちらかに読者は出会うことになる。

つまり、読者にとっての文学の〈読み〉は、自分のことばの制度が壊れていく作中の仕掛けにこだわり、語りの深層に「心のドラマ」を読むことにある。これまでの教材研究は、子どもの描く未熟な認識を変容させるために、深い価値認識の掘り起こしにあった。教師が読んだ価値目標に学習のベクトルがあった。新しい教材研究は、文学作品の物語と格闘する語り手の自己倒壊の仕掛けを読むことにある。つまり、叙述にこだわり、ことばの向こうへの仕掛けを読むのである。そこでは教師も子どもも全く同じ立場、読者共同体が目指されている。

教室で物語や小説を読むことの意義は、ことばにいのちを与え、物語と格闘する語り手の「心のドラマ(深層のドラマ〉」を掘り起こす人間と世界の探究にある。また、教室でみんなで読むことの愉しさは、〈読み〉の共有を求めて、説明し合い尋ね合う、作品の文章を種《たね》に「ああでもない、こうでもない。」「こうだろうか、ああだろう。」と語り合う愉しさにある。

「序章　物語批評から深層批評へ」は、私の現在の文学作品の〈読み〉の世界観を述べたものである。作品例として二編の詩を取り上げた。入沢康夫「未確認飛行物体」と宮沢賢治「永訣の朝」である。当初は「未確認飛行物体」で深層批評の「〈読み〉の原理」を論ずるつもりであったが、読み込んでいく中で、「未確認飛行物体」で深層批評を論ずることは不十分であることが分かった。そこで「永訣の朝」との対比で、物語批評から深層批評へ世界観を広げることで、どのような作品世界が生まれるかを論じた。

「第一章　物語と格闘する語り手」は、私の実践理論の核となる「〈読み〉のメカニズム」である。中学校での実践が多い宮沢賢治「猫の事務所」と、小学校教材三木卓「のらねこ」を物語と闘う語り手で〈読み〉を掘り起こした。作中の語り手と、倒壊した物語の超越に立つ黒衣の語り手（機能としての語り手）の違いを示したつもりである。

「第二章　文学教育の課題と授業を愉しむ〈読み〉の原理」は、国語科の授業現場が抱える今日の課題を「子ども観」と「学習指導要領」改訂から論じた。また、文学研究者の田中実が提唱する「第三項　語り論」の「〈読み〉の原理」が、実践理論として現場で生かされるためにはどのような課題があるのかを述べた。作品として、あまんきみこ「白いぼうし」、「おにたのぼうし」をとりあげ、試案とする学習活動例を示した。

「第三章　ことばに《いのち》を読む文学の授業」は、教材論と授業報告である。私が習志野市立袖ヶ浦西小学校六年生と実践した絵本『しばてん』（たしま せいぞう）の授業、学芸大学附属大泉中学校の工藤哲夫教諭との共同研究で実践した「空中ブランコ乗りのキキ」（別役実）の三年生の授業を載せた。ここでは、授業での再読の手がかりは何かについて述べ、「学習日記」、「関係相関図」を活用した授業の学習指導過程を提案した。

また、「〈子どものことば〉の自立と共生を求めて」は、子どもたちのことばの現状と、日本語がグローバル社会でかけがえのない言語文化として尊重され続けるためには、日本語（国語科）の授業が何処へ向かわねばならないかを論じた。実践例として中学校二年生と「少年の日の思い出」（ヘルマン・ヘッセ、高橋健二訳）を読んだ授業の報告をした。

「第四章　言語技術教育批判―詩「ライオン」（工藤直子）をめぐる鶴田・中村論争」は、「詩『ライオン』（工藤直子）と子どもの思想」（『日本文学一九九七・八』）で報告した私の授業実践をめぐる鶴田清司氏との論文のやりとりである。鶴田氏は、「「こころの教育」のまえに「読み方指導」を」（『月刊国語教育』東京法令出版、一九九八・六）で私の実践を批判された。その後、同誌に私は「鶴田「言語技術教育」批判「心情主義」批判に答える」（『月刊国語教育』東京法令出版、一九九八・一一）を書いた。さらに鶴田氏は、「言語技術教育は思い入れの読みを排す」（『月刊国語教育』東京法令出版、一九九九・二）で反論を書かれた。私はその再反論を希望したが出版社から拒否されるという経緯があった。その一連の経過（鶴田論文は要点）と「詩『ライオン』（工藤直子）と子どもの思想」では載せられなかった授業のプロトコルを今回は全て掲載した。

「終章　物語と格闘する読者」は、鶴田氏との論争から九年を経て再び堀祐嗣氏から「文学教育に見る実践と理論の乖離」と題した「詩『ライオン』と子どもの思想」に対する厳しいご批判をいただいた。そこで、ご批判いただいたお二人に現在の私の考えを文章にすることにした。とりわけ堀氏と私は実践にこだわる点で問題を共有する立場である。「子どもの読みを読む」とはどういうことかを考えるべく、タイトルを「子どものことばの深層に《いのち》の声を聴く」として書き下ろした。

本書は一九九八年から二〇一二年までの一四年間の論文で構成されている。概観すれば、「物語批評から深層批評へ」の私の格闘の報告である。ただ、執筆の時代が交錯しており、用語や理論的な混乱をまぬがれ得ない。初出一覧を参考にしていただければ幸いである。

本書の用語の解説

＊この用語解説は本書を読む学生や文学用語・文学教育用語に馴染みのない教師の方々に向けて書いた。引用を極力やめ、私の咀嚼の範囲で読みやすく解説したつもりだが、そのため定義の緩さがある。各項目の末尾に記した（研究者）の著作でさらなる理解を深めていただきたい。

1　〈読み〉　文学作品を作品として読むことをいう。そこではことばにいのちが与えられ、ことばの仕組から意味が発見され、価値が掘り起こされる。読みの内実を言う。読書行為と同義。〈読み〉とヤマカッコで記す。（田近洵一）

2　「〈読み〉の原理」　どのような読み手も文学作品を読むとき、何らかの基本的な「読み方」を援用して読んでいる。それが、読み手が依拠している「〈読み〉の原理」である。例として、読解論、視点論、第三項語り論等がある。言語技術は文章解釈の部分の分析には機能するが、「〈読み〉の原理」は読書行為そのものにははたらく。

3　読解論　ことばに意味そのものが張り付いているという言語観で文章は正しく読み解けるという立場に立つ「〈読み〉の原理」である。人物の気持ちや様子、その理由を読もうとするが、その根拠を文章の書いてあることに求める。戦後の実践理論としては輿水実「読解指導過程論」がある。

4　視点論　作者の設定した話者が、登場人物の誰の眼（見方）から物語世界を見ているかを観点に作品を読む。作品世界は、設定されたある視点（一人称）、視角（三人称）から意味づけられている。視点を通して語られた

「人・もの・コト」の相関関係を読むことで意味は生まれる。そのため、視点人物への同化と、それを批評する異化（客観化）で織りなす共体験が「〈読み〉の原理」となる。物語批評の〈読み〉である。（西郷竹彦）

5　読書行為論　読み手の多様な〈読み〉をそのままにするのではなく、読み手がそう読んだ文脈（物語の脈絡）の内実を、文章の「ことばの仕組み」との関係でつまびらかにする。国語教育では「子どもの〈読み〉を読む」と言っていい。（田近洵一）

6　第三項　語り論　ことばの概念〈意味〉は、生まれてから今日までの読み手その人のことば経験でつくられる。文学作品を読むことは読み手のことば経験を駆使し、想像し、意味を付与することである。だから、〈読み〉は自分のことばの世界から一歩も外に出ることはできない。想像の〈読み〉における価値発見は、自分の中での見方の移動になる。自分のことばを超える自己変革のためには、己の思い込みの概念を瓦解させなければならない。語り手と物語の二項の向こうに、もう一つ別の第三項（見えない《ホントウ》）を想定して自分の思い込みと格闘する外ない。近代小説にはそうした語り手の「仕掛け」（からくり）が仕組まれている。（田中実）

7　ストーリー　「時間的順序に配列された諸事件の叙述である。」が定義である。「王が亡くなられた。それから、王妃が、亡くなられた。」と言えばストーリーである。「それから、そして、」と問うことによってつなぐ出来事の物語である。（E・M・フォスター）

8　プロット　プロットもまた諸事件の叙述だが、重点は因果関係におかれる。「王が亡くなられ、それから王妃が悲しみのあまり亡くなられた。」と言えばプロットである。「なぜ？　どうして？」と問うことで因果の物語が生まれる。語り手は必ずしもストーリー通り語るわけではないが、語られた物語の因果を紡ぐことである。（E・M・フォスター）

9　メタプロット　プロットはもともとあるストーリーを何らかの因果関係によって構成したものであるが、

メタプロットはその因果関係のさらに根源的なものに目を向けている。「プロットをプロットたらしめている内的必然をメタプロットと呼ぶ。」（田中実）

10　〈本文《ほんもん》〉　読み手は文学作品の文章の字義を拾い、自分の体験、感性などに応じて〈文脈〉を作り上げるが、この読み手に現象した物語を〈本文〉という。（田中実）

11　〈文脈〉　読み手に現象した〈本文〉を因果の脈絡の側面からとらえたとき〈文脈〉という。コンテクストと同義。

12　〈元の文章〉　文学作品の文章は読まれることを前提としている。読まれると、文章は読み手の〈本文〉（概念）と、「単なる物質の断片」、インクの染みに分離する。その意味を剝ぎ取られた、何かが書かれているであろう「物質の断片」が〈元の文章〉である。（ソシュール・田中実）

13　わたしの中の〈他者〉　日常私たちは、他人のことを他者と言っている。しかし、文学作品の〈読み〉での〈他者〉は、対象（他人・外界）を読み手がなんらかの理解をし、イメージを持って自己化するすることを言う。「わたしの中の〈他者〉」とは読み手によってイメージと意味を付与された想像の対象をいう。（田中実）

14　空中楼閣　私に現象した〈本文〉は、前項「わたしの中の〈他者〉」である。しかし、私は己のことばの外部は感知できないのである。〈本文〉をその見えない外部であるカオスに浮かぶ空中楼閣と比喩してイメージ化したもの。（田中実）

15　了解不能の《他者》・「見えない《ホントウ》」　「わたしの中の〈他者〉」と対になる概念。〈わたしの中の〈他者〉〉は、私のことばがとらえた外延に内包された世界である。しかし、このことによって、逆に私のことばがとらえた世界に外部があることが想定される。この私のことばの外部に「了解不能の《他者》」・「見えない《ホントウ》」を仮設することによって、思い込みである「わたしの中の〈他者〉」を瓦解させ、新たな価値の

掘り起こしに向かう。（田中実・中村龍一）

16 他者・〈他者〉・《他者》 他者は他人である。〈他者〉は、わたしがとらえた想像の客体である。さらに、ソシュールの言語観、「ことばは概念と文字であれば視覚映像で成る。」に立つならば、思い込みの〈本文〉の外部にカオスを想定することができる。これは我々は感知できない世界である。これが了解不能の《他者》である。〈 〉は想像の中の客体、《 》は知覚できない了解不能性を示す。

17 「第三項〈原文〉」 読み手が文学作品を読む以前にあったと仮に想定される《元の文章》（見えなく聴こえない）をいう。読書行為は、読み手と思い込みの〈本文〉である私の中の「主体と客体の二項」の物語世界の外部に、見えない《原文》を仮設して、自分の思い込みを瓦解させ、〈読み〉を掘り起こす。（田中実）

18 「〈原文〉の影」 読み手は、文学作品の文章には何かが書かれていると思って読む。読むことによって読み手に生成する〈本文〉には、このように《原文》が影となって作用し現象している。《原文》があるのではないかと思って読むのである。〈本文〉が生成される以前のこの実体性（無論、見えないし、聴こえないのだが）を、仮に《原文》とし、その影である〈本文〉が内部で葛藤するのである。（田中実）

19 ことばの向こう 自分の思い込みのことばの呪縛を超えていくために、思い込みの〈本文〉を倒壊させ、自分を拘束することばの向こうに立とうとする。（田中実）

20 《詩句の零度》 一篇の詩が統一ある世界であるなら、そこには《発話者》の一貫性がどうしても欠かせない。しかし、詩はことば関係の日常的論理を取り去るところからはじまって、文法上の約束の破戒、単語の破戒、意味なき文字や記号や音の連鎖、文字や音の一切の破戒など、《詩句の零度》を通過して《聖化》され、新たな世界に再構成される。（入沢康夫）

21 《ことばの零度》・《意味の零度》 「ことばの向こう」、《詩句の零度》と同義。語り手が物語と格闘する果

てで、ことばの意味が無化されてしまった世界。（中村龍一）

22　機能としての語り手・作中の語り手　腹話術のいっこく堂が二つの人形を操り語るように作中の語り手は物語る。文学作品の冒頭の一文から、結末の一文までを語った語り手が作中の語り手である。語り手は一貫した物語を語ろうとする。だが、因果の一貫性が瓦解したり、《意味の零度》が抱え込まれていたりする物語がある。作中の語り手が物語を収束できず、その物語の深層で〈文脈〉を問う語り手が要請される。機能としての語り手である。そのとき、物語の外部に「第三項〈原文〉」という見えない客体を仮設し〈読み〉を掘り起こす。このことを、金子みすゞは「見えないけれどもあるんだよ」と書いた。（田中実）

23　黒衣《くろこ》の語り手　作中の語り手を超越する物語の深層に、「見えない《ホントウ》」を「黒衣の語り手」で〈文脈〉を掘り起こす。小説を読むための「〈読み〉のメカニズム」である。機能としての語り手と同義。（中村龍一）

24　「文学の問い」　「文学の問い」は、誤解はありえてもただひとつの正解があるというわけではない。ただ問いつづけていくことで、その問いをより広げ、より深めていけるものである。それは「永遠の問い」といってよい。そうしたものを抱え込んでいる文学作品がある。（西郷竹彦）

25　「物語＋語り手の自己表出」　文学作品の語りの構造は、「物語＋語り手の自己表出」である。作中の語り手が語った物語（プロット）の関係様相から意味を掘り起こし、その思想を読み手が批評する。これが物語批評である。（田近洵一）一方、物語は、読み手のことばでいかようにも因果を結ぶことができる。しかし、近代小説の語り手は、思い込みの〈本文〉を倒壊し、焼き捨て、己の深層の起源、ことばの向こうから主体の生まれ直しを図る。この深層のドラマを読むのが、深層批評である。（田中実）

26　物語と格闘する語り手　作中の語り手は物語に何らかの欠如、不可思議を抱えている。例えば、生存の危機、愛する人の死、異類との交感など多様にある。作中の語り手は物語の欠如、不可思議との格闘を語っているのである。物語と語り手は闘っている。それが、「物語＋語り手の自己表出」である。その格闘の果てで一つの思想に収束されていくのが物語である。そして、物語が収斂されることなく、語り手は自己倒壊し、ことばの向こうの深層にメタプロットが問われる。これが小説である。（田中実）

27　己の宿命の星　読み手に現象した〈本文〉は虚偽、思い込みである。読み手は、その思い込みの〈本文〉を物語と語り手との葛藤で自己倒壊させていくのである。その自己倒壊したことばの向こうの深層に、己の宿命の星を掘り起こしていく。誰もがそれぞれの宿命を背負って生きている。その宿命の向こうに己の星を求めて生きるという究極のロマンをいう。これまでの〈読み〉は制度化された認識から深い思想への主人公の変容を読むことが読書行為であった。（田中実）

28　「ことばの仕組み」　読み手の内部に現象した〈本文〉の構造を指す。そこでは読み手自身の自己発見が対象の発見へと反転していく過程がたどられる。これを〈語り手〉からとらえると、「ことばの仕掛け」となる。

29　結節点　〈読み〉で、作中のすべてのことばを、べたに取りあげる必要はない。一つひとつのことばはすべて他と関係し合っているのだから作品の特に重要なことばに〈読み〉を焦点化させて、他のことばとの関係でその意味をさぐるなら、すべてのことばをおさえた〈読み〉を成立させることが可能である。作品のうえでの結節点は、読者にとっての特に心に残るところ（印象点）であり、心を動かされるところ（感動点）である。（田近洵一）

30　「ことばにひっかかる」　文学作品の合理的〈文脈〉を瓦解させる重要なことばに着目することを「ことばにひっかかる」と授業で使う。芦田恵之介の着語《じゃくご》から発想した。（中村龍一）

31　関係相関図　作品の構造を略画で絵図化した指標。視点人物、対象人物、もの、コトや作中の語り手、黒衣の語り手を時空間的に位置し、作品世界を俯瞰すると共に、話し合いの焦点を明らかにする。（中村龍一）

32　作品日記　〈読み〉の学習活動にとり入れた思索のための学習日記をいう。毎時間の学習の終末で、〈本文〉を問い返し、その日の思索を書き綴る。この〈本文〉を掘り起こす作品日記の継続が作品論にまとめられていく。（中村龍一）

【参考文献】

『文学の力×教材の力　理論編』（田中実／須貝千里編、教育出版、二〇〇一・六「キーワードのための試み」）
『虚構としての文学』（西郷竹彦、国土新書、一九七一・二）
『西郷竹彦　文芸学辞典』（西郷竹彦、明治図書、一九八九・三）
『読み手を育てる　読者論から読書行為論へ』（田近洵一、明治図書、一九九三・一〇）
『創造の〈読み〉　読書行為をひらく文学の授業』（田近洵一、東洋館出版、一九九六・八）
『詩の構造についての覚え書き』（入沢康夫、思潮社、一九七〇・九）
『小説とは何か』（E・M・フォスター、米田一彦訳、ダヴィット社、一九六九）
『読むための理論　文学　思想　批評』（石原千秋他、世羅書房、一九九一）
『国語教育指導用語辞典』（田近洵一・井上尚美編、教育出版、一九八四）

「語り論」がひらく文学の授業　目次

序章

物語批評から深層批評へ

二つの愛の位相
——「未確認飛行物体」（入沢康夫）と「永訣の朝」（宮澤賢治）

1　読書行為の「〈読み〉の原理」

読書行為そのものが学習の価値である。そこでは〈読み〉の内実が問われる。〈読み〉の学力はその読書行為を成立させるために求められる。そう私は考える。このことを田近洵一は、「読み手を育てるということは、読むという人間的な言語行動を育むということだ。」（『読み手を育てる——読者論から読書行為論へ』明治図書、一九九三）と述べている。読書生活を愉しく実りあるものとするために、読書行為のメカニズム、「〈読み〉の原理」を児童・生徒に身につけて欲しいと、私は考えている。

文学作品の〈読み〉は自由でいいのではないかと言う。私は心底それを認める者だが、どのような〈読み〉をしたかで、同じ読み手に現象する作品世界は全く違う。「読解論」は書かれた事柄を正確に読むことを目指す。「視点論」は語られた視点から物語内の関係様相を読み、認識の深化を求める。「深層批評」は語られた物語と〈語り手の欲望〉との格闘によって、ことばの意味の底なしの深層にある「見えない《ホントウ》」を掘り起こそうとする。読書行為には何らかの〈読み〉のセオリーが機能している。どのような〈読み〉をしたかが読書の内実を担保している。文学の〈読み〉の基礎力は、児童・生徒の読書行為にはたらく「〈読み〉の原理」である。文学作品の世界をどうとらえるかの「世界観」である。

一九八〇年頃からは国語教育の文学の〈読み〉もテクスト論の影響を受け、読者論が「正解」からの解放感を与えた。金子みすゞの詩句「ミンナチガッテ、ミンナイイ」がシンボルとしてもて囃された。(金子みすゞの詩の価値とは無関係に)。しかし、今日、その価値相対主義も行き詰まってしまった。読解力向上の要請も伝統的言語文化の習得もこの危機感の所産である。だからといって再び正解主義の亡霊を生き返らせることはできない。「正解」も「どう読んでも勝手」も超える「〈読み〉の原理」の構築が、文学教育の克服しなければならない課題である。

「言いたいこと」がまずあって、それが「媒介」としての「言葉」に載せられる、という言語観が学校教育の現場では共有されている。だが、この基礎的知見は果たして適切なのか。……先行するのは「言葉」であり、「言いたいこと」というのは「言葉」が発せられたことの事後的効果として生じる「幻想」である。……とりあえず、それがアカデミックでは「常識」なのだが、教育の現場ではまったく「常識」にされていない。リアルなのは言葉だけである。言葉の向こうには何もない。けれども言葉は「言葉の向こう」があるという仮象をつくりだすことができる。「言葉以上のものがある」と信じさせることは言葉にしかできない。それが、言葉の力である。

(内田樹『こんな日本でよかったね――構造主義的日本論』バジリコ、二〇〇八・七)

内田樹は「リアルなのは言葉だけである。言葉の向こうには何もない。」、ことばの外部にリアルはないと言う。しかし、ことばは、「「言葉の向こう」があるという仮象をつくりだすことができる。」と述べている。また、田中実は「了解不能の《他者》」、つまり、想定された「見えない《ホントウ》」を無限遠点とする深層批評の〈読み〉を提起している。

客体の文章そのものは決して捉えられない。だが、この捉えられない対象を内包して初めて「読むこと」が作動する。つまり、読み手が捉える対象には常に読み手の主体に捉えられない客体そのもの、すなわち了解不能の《他者》が働いている。これをもし〈神〉と呼びたいなら呼んでもよいだろう。筆者は第三項、〈原文〉と呼んでいてその影が〈本文〉＝〈わたしのなかの他者・文脈〉に働いていると考えている。従って決してこれは「真」には至らない。

（田中実「断層Ⅲ」『日本文学』二〇〇六・八）

パースペクティブに差はあるが、ことば（文章）にはことばの向こうの「見えない《ホントウ》」との関係が内包されていると、二人は述べている。金子みすゞも「見えぬけれどもあるんだよ、／見えぬものでもあるんだよ」（「星とたんぽぽ」）とうたった。私は、内田樹や田中実の論に今日の文学教育の混迷をのりこえる可能性を見る。ことば自体が「言いたいこと」を示しているのではないのなら、自分がとらえたことばの意味を「ことばの向こう」へ掘り起こしていくことができるということだ。ここに文学作品の〈読み〉の新な〈場〉が生まれたのである。

2　詩「未確認飛行物体」の作者・出典・教科書掲載のこと

入沢康夫（一九三一〜）は島根県生まれの詩人でフランス文学者。「未確認飛行物体」は詩集『春の散歩』（青土社、一九八二）に所収されている。初出は一九七八年十二月「読売新聞」夕刊である。

『倖せそれとも不倖せ』（書肆ユリイカ、一九五五）が第一詩集。『季節についての試論』（錬金社、一九六五）でH氏賞、また、『わが出雲・わが鎮魂』（思潮社、一九六八）で読売文学賞、詩集『遐い宴楽』（書肆山田、二〇〇二）で萩原朔太郎賞等を受賞している。『詩の構造についての覚え書』（思潮社、一九六八）等詩論も多く、宮澤賢治の研究、ネルヴァルの翻訳でも知られている。

教科書掲載は小学校国語『五上銀河』（光村図書、二〇〇五）、高等学校『新編　現代文』（三省堂、二〇〇五）である。ただし、第三連の内言（……そんなに早かないんだ）の記述については、詩集『春の散歩』では「早か」となっている。『新編　現代文』はそれに倣い、小学校の『五上　銀河』では作者の承諾を得て（……そんなに速かないんだ）と訂正されている。意味は「速」である。本章では高等学校『新編　現代文』をテキストとした。

入沢は一人称的な私詩的構造の抒情詩の打破をめざし、「擬物語詩」を追求してきた（前掲『詩の構造についての覚え書』）。入沢は「擬物語詩」の特質を六項目あげている。要約すると、「詩は想像的な事件を一貫して叙述しているかに見えるが、作者の真の目的はそこにはない。事件と叙述の関係は相互依存的であり、現実の事件報道とは全く異なったものである。詩の持続性・展開性・一貫性を保証するのはもちろん読者の意識だが、擬物語の関係世界でそれを保証するのは仮構の語り手である。」となろう。「未確認飛行物体」は入沢の定義する典型的な擬物語詩だといえる。

3　詩「未確認飛行物体」の愛の位相

(1)　これまで「未確認飛行物体」はどう読まれてきたか

小学校『学習指導書』(光村図書、二〇〇五)の解説者は、「この詩に詩人の人間という存在に抱いているいとおしさに感じる読み方はどうだろう。全体に流れる温かさは、この詩人の本性であろう。」と述べている。主題を「人間存在のいとおしさ」とする読みである。

高等学校『学習指導書』(三省堂、二〇〇五)では、安田正典が詩人野村喜和夫の文章(『現代詩の鑑賞一〇一』大岡信編、一九九六、新書館)に依拠して論じている。野村喜和夫は「薬罐と花」の関係が「詩人と詩」の寓喩であり、「詩人だって空を飛ばないとはかぎらないと読むことも可能」だと読む。しかし、そのしっくりいきすぎる架空性、不可能性がかえって「詩全体を大きな括弧にいれてしまうような、不思議としかいいようのない読解体験」を生むと述べる。寓喩(比喩)に着眼した読みである。

また、田近洵一は「薬罐が台所(現実の生活)をぬけ出すとはどういうことか、抜け出した薬罐の行動は何を意味するか」に焦点化して読む。「白い花に会いたい一心で空飛ぶ薬罐の行動は感動的であり、薬罐は非現実の世界で自己の真実を生きている。詩人は夜毎行われているその行動を未確認飛行物体のしていることとし、白い花への愛に生きる薬罐への愛を語った。」と読んだ。(「ことばと教育の会」月例会、二〇〇八・八)物語と語り手の批評の読みである。

私はこの詩を語られた「表層の物語」、「深層の入口」と「深層批評」の関係で読んでみたい。深層批評とは、語られた「物語と語り手の欲望」の相克の中でことばの向こうにある「見えない《ホントウ》」を掘り起こそうとする〈読み〉である。

(2)　表層の擬物語を読む

　薬罐だって、
　空を飛ばないとはかぎらない。

冒頭でこの詩の命題が語られる。この〈薬罐〉が〈未確認飛行物体〉である。『広辞苑』（第五版）では未確認飛行物体はＵＦＯとも表記されている。しかし、この詩の〈薬罐〉には「未確認飛行物体」の漢字七文字が似合っている。年代物の〈薬罐〉、どこかオジサンを想わせるからだ。薬罐が空を飛ぶ？　この一連だけでもこの詩が醸すユーモアが読み取れる。どこの家にもある薬罐が主人公である。

　水のいっぱい入った薬罐が
　夜ごと、こっそり台所をぬけ出し、

主人公〈薬罐〉は「水」をいっぱい体内に注いで、「夜ごと、こっそり台所をぬけ出」していた。なぜ、毎夜こっそり台所を抜け出すのだろう。人に知られたくない何かがあるのだろうか？

　町の上を、また、つぎの町の上を

心もち身をかしげて、
一生けんめい飛んで行く。
天の河の下、渡りの雁《かり》の列の下、
人工衛星の弧の下を、
息せき切って、飛んで、飛んで、
（でももちろん、そんなに早かないんだ）

〈薬罐〉は町々や畑の上を何処までも飛ぶのだが、その様子は重いであろう水をこぼさないように「心もち身をかしげて」、何処かブザマで滑稽である。しかし、「一生けんめい飛んで行く。」のだ。だんだんその重さが身に堪え、「天の河の下、／雁の列の下、人工衛星の下、」を上がったり、下がったりしながら、「息せき切って、飛んで、飛んで」行く。〈薬罐〉は必死なのだ。語り手は丸括弧の内言で「（でももちろん、そんなに早かないんだ）」と揶揄する。ここでもまた〈薬罐〉のキャラクターは戯画化されている。

そのあげく、
砂漠のまん中に一輪咲いた淋しい花、
大好きなその白い花に、
水をみんなやって戻って来る。

「そのあげく」という一行。このニュアンスも何やら意味ありげである。〈薬罐〉が空を飛ぶだけでトンデモナイのに、「砂漠のまん中に一輪咲いた淋しい花／大好きなその白い花に、／水をみんなやって戻って来る」のだから呆れたものだ。そう語り手は語っている。

何やらオジサンがお気に入りの女性に入れ込んで金を注ぎ込み、毎晩夜遊びして朝帰りする姿が思い浮かばぬ訳でもない。東京砂漠に咲いた可憐で清楚な〈白い花〉に血迷ったオジサンのスキャンダルにも収まる。俗物の私に現象した物語である。だが、この詩にはそのような表層の物語を超える深層への入り口がある。

(3)　深層の入り口、深層の物語

考えてみれば、〈薬罐〉は水を体内に注がれ火炎地獄、熱湯地獄に耐える日々を生きている。地獄の労働から逃れられない過酷な運命のオジサンである。ところが、あろうことか人知れず、夜ごと〈薬罐〉は、台所を抜け出していた。自分の生業《なりわい》の資源である大切な水を身体にいっぱい抱え、空を飛んでいたのである。町々の上を越え、天の河の下、渡りの雁の列の下、そして人工衛星の弧の下を、水の重さで上がったり下がったりしながら、一滴もこぼさないように身をかしげ、懸命に宇宙空間を越えていく。

〈薬罐〉は、この世の艱難を振り切って向こうに突き抜けようとしていたのだ。それは「(でももちろん、そんなに早かないんだ)」と語られはするが、「台所」と「砂漠」を毎夜、朝までに往復するのだから、「(これはなんと速いことだろう)」のはずである。〈薬罐〉のよたよた飛行は超高速飛行でもあった。

ここに、この詩の深層への入り口があると、私は読む。

〈薬罐〉が飛んでいたのは日常を超えたカタルシスの時空間だったのである。

「砂漠のまん中に一輪咲いた淋しい花」、それは〈薬罐〉の女神に違いない。太陽と砂漠で灼かれて地獄を生きる〈白い花〉、それは己の宿命と相似形の「大好きな白い花」だった。未確認飛行物体〈薬罐〉は、「息せき

切って、飛んで、飛んで」、この世を振り切り、彼岸の〈白い花〉に聖なる糧を捧げる。そして、身も心も洗われ地獄の日々に戻るのだ。〈白い花〉が永遠に咲き続けることへの献身が〈薬罐〉の生きる意味である。

詩「未確認飛行物体」は、〈薬罐〉が彼岸の砂漠に咲く一輪の〈白い花〉を夢想する詩ではない。この詩の時空は現実と非現実に分けることはできない。〈薬罐〉にとってこの非現実こそ現実である。火炎地獄、熱湯地獄の日々が苦しければ苦しいほど、砂漠の一輪の淋しい〈白い花〉との時間は〈薬罐〉のリアルとなっていく。二つに見える世界が一つになっていく。〈薬罐〉の受難は一輪の〈白い花〉の受難によって聖なるものとなる。台所での〈薬罐〉の試煉が《聖化》されたのである。この〈未確認飛行物体〉が存在するか、幻視かを証明することはできない。見たという者には確かに在り、見えない者にはたわごと、幻覚にすぎない。

4　入沢康夫の《零度の詩句》からの《聖化》と再構成

入沢康夫は、『詩の構造についての覚え書き』（思潮社、一九六八）で詩の構造を「降霊の儀式」や「祭典」にたとえている。

……事物や人間が、その日常的なコンテクストから切り離され、あらためて厳粛な規則と順序と配列において再構成されるときに、そこに祭儀が表現する次第は、詩における個々の言葉関係の《聖化》と再構成、そして、そこへの作者及び読者の参与の仕方と、パターンとしてははなはだ似通ったものがある。

発話された言葉から日常の通念が剝ぎ取られ、読者に現象した因果の〈文脈《コンテクスト》〉は破壊される。その言葉の向こう《零度の詩句》の地点から、再び言葉関係の《聖化》と再構成がなされる、というのが入沢康夫の擬物語詩の「詩の構造」である。入沢はこのことをモーリス・ブランショを引用し、こうも説明している。

……詩作品は、それがいくつかのことばの綾や暗喩や比喩などをふくんでいるが故に詩作品なのではない。……己れのイマージュに――比喩に富む言語ではなくて言語のイマージュであるような言語になるのではないか……つまり、ちょうどイマージュが事物の不在の上に現れるように、それ自体の不在の後にはじめて語られる言語になるのではないか……

……詩の中では、語も句も文も、また、イマージュも比喩も、一度死んでよみがえらなければ、市民権を与えられないのだ。（『文学空間』モーリス・ブランショ粟津則雄訳）

入沢は、「かりそめの話者」によって語れた「かりそめの時間」が擬物語詩であると言う。つまり、「時間の亡霊、話者の亡霊という二重の亡霊によって維持されている」亡霊の出来事なのである。この亡霊は生と死の境を往来するように無と有の中間で転々と位置を変える。ここに入沢は、「作品世界の時間」とは違う「新しい時間の可能性」を見る。

詩がダイナミックでありえるのは、この新しい時間との関係においてなのだ。次々とこわれて行く図柄を図柄とする作品の可能性。作品にやぶれ目ができ、作品内の時間が作品外の時間とショートして火花を上げるそのような作品をぼくは想い描こうと努める。

入沢の擬物語詩は、擬物語と発話主体の相関で超越の物語を創出させる詩の理論である。いや、詩のみならず、小説や物語の「〈読み〉の原理」にも示唆を与えてくれる。しかし、この言葉関係の《聖化》と再構成には日常のコンテクストが剝ぎ取られた跡地に構造が残されている。時間の亡霊と話者の亡霊は同じ枠組みに再構築される。つまり〈薬罐〉の煉獄は〈白い花〉の受難と相似形をなし、二人の絆は一体となって、《聖化》された物語の中に昇華吸収されていく。聖なる愛の詩《うた》が語られる。聖なる愛の思想が語られている。

以上が、「「未確認飛行物体」の授業構想」（『月刊国語教育』東京法令出版、二〇一〇・九）で私が述べた内容である。しかし、この入沢康夫の「《聖化》の再構成」（傍点筆者）を超えた詩の世界がある。ことばの向こう無限遠点「見えない《ホントウ》」を掘り起こす深層批評で顕現する詩世界である。そのことを宮澤賢治の「永訣の朝」を例に述べてみたい。

5　詩「永訣の朝」の愛の位相

(1)「永訣の朝」と宮澤賢治

「永訣の朝」は宮澤賢治二七歳の作である。大正一一年（一九二二）一一月二七日、二五歳の若さで妹トシは結核で死去する。最愛の妹であっただけでなく、賢治の理解者として無二の人がトシであった。だが、死後の一夜のうちに「永訣の朝」、「松の針」、「無声慟哭」の三編が成されたことは、信じがたいとしか私には思えないのだ。愛する者の死を眼前に詩を書くことが人間に可能なのだろうか。

永訣の朝

宮澤賢治

けふのうちに
とほくへいってしまふわたくしのいもうとよ
みぞれがふっておもてはへんにあかるいのだ
（あめゆじゅとてちてけんじゃ）
うすあかくいっそう陰惨《いんさん》な雲から
みぞれはびちょびちょふってくる
（あめゆじゅとてちてけんじゃ）
青い蓴菜《じゅんさい》のもようのついた
これらふたつのかけた陶椀《とうわん》に
おまえがたべるあめゆきをとらうとして
わたしはまがったてっぽうだまのやうに
このくらいみぞれのなかに飛びだした
（あめゆじゅとてちてけんじゃ）
蒼鉛《そうえん》いろの暗い雲から
みぞれはびちょびちょ沈んでくる
ああとし子
死ぬといふいまごろになって
わたくしをいっしょうあかるくするために
こんなさっぱりした雪のひとわんを
おまへはわたくしにたのんだのだ
ありがとうわたくしのけなげないもうとよ
わたくしもまっすぐすすんでいくから
（あめゆじゅとてちてけんじゃ）
はげしいはげしい熱やあへぎのあひだから
おまえはわたくしにたのんだのだ
銀河や太陽　気圏などとよばれたせかいの
そらからおちた雪のさいごのひとわんを……
……ふたきれのみかげせきざいに
みぞれはさびしくたまってゐる
わたくしはそのうえへあぶなくたち
雪と水とのまっしろな二相系《にさうけい》をたもち
すきとほるつめたい雫にみちた
このつややかな松のえだから
わたくしのやさしいいもうとの

さいごのたべものをもらっていかう
わたしたちがいっしょにそだってきたあひだ
みなれたちゃわんのこの藍のもやうにも
もうけふおまへはわかれてしまふ
(Ora Ora de shitori egumo)
ほんたうにけふおまへはわかれてしまふ
あああのとざされた病室の
くらいびょうぶやかやのなかに
やさしくあおじろく燃えてゐる
わたしのけなげないもうとよ
この雪はどこをえらばうにも
あんまりどこもまっしろなのだ
あんなおそろしいみだれたそらから
このうつくしい雪がきたのだ
(うまれでくるたて
こんどはこたにわりゃのごとばがりで
くるしまなあよにうまれでくる)
おまへがたべるこのふたわんのゆきに
わたくしはいまこころからいのる
どうかこれが兜卒《とそつ》の天の食に變って
やがておまへとみんなとに
聖い資糧をもたらすことを
わたくしのすべてのさいはひをかけてねがふ
一二・一一・二七
(『宮澤賢治全集2』筑摩書房、一九六七・八)

(2)「永訣の朝」はどう読まれてきたか

①小森陽一「死の世界と詩の言葉」の相克

小森陽一は『大人のための国語教科書――あの名作の〝アブない〟読み方』(角川書店、二〇〇九・一〇)で「永訣の朝」を「修羅が書き付けた涙」と題して論じている。(以下引用は全て同書)

まず、「永訣の朝」がどう教えられているかを高校の教科書出版四社(東京書籍・大修館書店・第一学習社・教育出版）の指導書で比較し、「主題」と「学習の手引き」を分析した結果、基本的な読みの方向性は共通していると述べる。

死を個人的な苦しみ、悲しみとして受け止めるのではなくて、その死を乗り越えて、みんなのために生きていかなくてはならないという決意を妹の言葉が兄に促していること。そうしたみんなのための生き方をできなかった妹の無念さを兄が引き継いで生きていく、個人ではなくみんなのために生きるという兄の生き方・思想に結実するという方向でまとめられているわけです。（ただ、第一学習社については、「妹の言葉に対する、兄の記憶の中での思考という点に注意を促して」いる点を小森は評価している。）

小森陽一は、「永訣の朝」、「松の針」、「無声慟哭」から「オホーツク挽歌」、「青森挽歌」までの六か月間、賢治がまったく詩を書けなかった事実に注目すれば、指導書の「予定調和的な整理は詩人賢治、作者の現実と一致しない」と一蹴する。

また、『春と修羅』という詩集に収められている他の詩では（　）の中に入れられているのはすべて「修羅」の言葉になってい」ると、小森は指摘する。賢治は仏教の「六道」の内の人間道と修羅道を対比させて書いており、太陽が当たる春が人間道なら、光の当たらないのが修羅道である。だから、妹トシの言葉である（あめゆじゅとてちてけんじゃ）を繰り返している発話者は、もちろんトシではなく、「修羅」の「わたくし」だということになるとした。

妹が死ぬ前には必死で生と死の二相系を保とうとしていた兄も、やがて妹が息を引き取ると、おそらくその二椀は死に水として使ったことでしょう。それでも、妹が死んだあとに、あたかもまだ妹が死んでいないかのような言葉で詩を書いているというのは、それによってあの世に逝ってしまった妹をこの世に引き戻そうとしているからにほかなりません。

この詩は、そうした二相系を保とうとしている言葉だと言えるのですから、いわば「修羅」のあがきでもあるのです。その修羅が、すでに向こう側に逝ってしまった妹の（あめゆじゅとてちてけんじゃ）という言葉を（ ）の中に書き付けてもう一度、こちら側に呼び戻そうとしているのが「永訣の朝」なのではないでしょうか。

「自分の詩の言葉によって妹トシを死の世界から引き戻そうとしながらも引き戻せなかったことで、自分の言葉の無力さと向かい合わざるを得なかった」というのが小森の〈読み〉の核心である。そこに、賢治の詩の敗北を読んでいる。そして、その決定的論拠を、「そうであるなら、六ヶ月の空白ができたことも理解できます。」に置いている。

「永訣の朝」、「松の針」、「無声慟哭」に記された末尾の「一二・一一・二七」の日付については、芹沢俊介が「『無声慟哭』ノート」（『磁場——宮澤賢治特集号』臨時増刊号、国文社、一九七五・一一・二〇）で述べている。芹沢は筑摩書房の全集ではこの日付が二重括弧で括られており、「これら三編の詩の成立が、「一二・一一・二七」でないことを告げている。」とする。芹沢の推測は「この三編は「風林」、「白い鳥」の日付（一二・六・三）の近いところで成立していたのではないだろうか。」である。そして、「賢治は、これらの詩編が、この日付においてよまれることをのぞんだ」のであり、「この日付神話から解放される」ことによって、「この三編に、これまで以上に自由にふみこむことができる」という見解に私は共鳴する。

小森は二相系を「生の世界と死の世界」と読んでいる。しかし、「永訣の朝」では「みぞれはびちょびちょ沈んでいる」、「雪と水のまっしろな二相系」、「このうつくしい雪がきたのだ」、「どうかこれが兜卒《とそつ》の天の食に變って」と展開していく、賢治の二相系は「修羅の世界と修羅を超える世界」との発話主体の相克、格闘であると私は読む。この世の生と死の苦悩は修羅の世界そのものであり、小森の二相系はまだ修羅の内にある。死者と生者が共に生きるためには、生死を超越した、もう一つの世界が必要なのである。

②天沢退二郎「伝記的真実と作品の真実」の相克

詩人天沢退二郎も、『宮沢賢治の彼方へ（増補改訂版）』（思潮社、一九七七・一二）で、「永訣の朝」を論じている。

（以下引用は全て同書）

「一九二二年一一月二七日の賢治において、詩作品とは、死に行くとし子への沈黙の裡に――すなわち語りかけの不可能のうちにうたうこと立ち上がらせることそのものであり、それ以外ではありえなかった。（『永訣の朝』と『無声慟哭』に数回挿入されるとし子の方言のままのことばが衝撃的なのは、この不可能へ外側からつきあたり介入してくるその直接性のためである。）」と述べ、「とし子の死は賢治の詩を救った。しかし、その救いの正体は何であったか？　だいいち、とし子の死とはまた何の死か？」と核心の問いを発している。

経文か呪文のように詩句の間で繰り返される（あめゆじゅとてちてけんじゃ）を天沢は次のように読む。

> とし子の直截な願いは単なる頼みではなくて、詩人の心象状況のまさに要めへささりこみ、詩の潜在的な言語の絃へ熱い指をのばす、象徴的な影響力を賢治に与えたのだ。それは孤独なまま進行していた賢治の詩の営為へ他者が、それも愛する妹が、はじめて投げ入れてきた参加のブイであった。

詩人天沢の正鵠を射た〈読み〉である。ここに「永訣の朝」の感動への通路があり、ことばの向こう、《詩》への隘路があるからだ。「この雪はどこをえらぼうにも／あんまりどこもまっしろなのだ／あんなにおそろしいみだれたそらから／このうつくしい雪がきたのだ」には、天沢が言うように「いま啓示された詩へのおどろき」が語られている。そして、「おまへがたべるこのふたわんのゆきに／わたくしはいまこころからいのる／どうかこれが天上のアイスクリームとなって／おまえとみんなとに聖い資糧をもたらすように／わたくしのすべてのさいはひをかけてねがふ。」(『校本宮澤賢治全集』筑摩書房、一九九五・七)に、「詩の言語の最後のメタモルフォーズ(変身)が祈願されている」と天沢は読み、「とし子の死はメタモルフォーズのためにも、さらに、祈願のためにも必要である。しかも、受難者はとし子ではない。……祈りを託されているみぞれ、詩の言語の原形質としての《詩》が受難しているのだ。」とまとめている。

……すなわち、決して語られえない語りかけをうたわせることによってそのかたりかけはひとつの根源的な意味でのフィクションとしての視線を詩作品全体に偏在する言語というかたちで出現させ、さらにはその——不可能な「書くこと」の星のイメージ(あるいは現象)の背後にあの《詩》のオリジンの受難をあたかも光源のようにすかしだすものとして、詩人と読者に共有されているのである。前の章でぼくは『無声慟哭』三編に伝記的真実と作品の真実が最も接近し殆ど相接している地点を見ると書いたが、このようなフィクションとしての視線の中核的な成立は「書くこと」が同時に伝記的真実からいかに遠いところへすべてを連れ出してしまうかを痛いほど示すものである

詩の真実が伝記的真実を凌駕し、とし子の死をこの世の死を超えた虚構の世界に連れていってしまったと、

天沢は読むのである。天沢が捉えた賢治の詩の原理は「伝記的真実と作品の真実の相接」、つまり相克であった。この詩の原理を援用すれば、「永訣の朝」は伝記的真実を置き去りにしてフィクションの真実が現実となった詩と解釈できよう。つまり、とし子の死は「現実世界」の死を意味していることになる。

6　「修羅の世界と語り手」の相克

賢治はわたくしというのは現象だと考えていた。わたくしは、「風景やみんなといっしょに　せはしくせわしく明滅しながら　いかにもたしかにともりつづける　因果交流電燈の　ひとつの青い照明」（『春と修羅』序）なのだと言う。賢治は浮遊する己の修羅のルツボで苦悶し、その深層に「すきとほったほんたうのたべもの」を求めて生涯己のいのちを激しく燃焼させた詩人である。修羅の世界と発話主体の格闘で、あるけれど見えない「ほんとうのたべもの」を現象させようと願った詩人である。「永訣の朝」の読者の私は、**（あめゆじゅとてちてけんじゃ）**に内包された「見えない《ホントウ》」をこのことばの深層に求め格闘するのだ。

ひらがなで記された東北弁の経文のような、繰り返される**（あめゆじゅとてちてけんじゃ）**それは**けふのうちにとほくにいってしまう**いもうとが**はげしいはげしい熱やあへぎのあひだから**わたくしに託したことばである。外は、**うすあかくいっそう陰惨《いんさん》な雲からみぞれはびちょびちょふってくる。蒼鉛《そうえん》いろの暗い雲からみぞれはびちょびちょ沈んで**いる。ああ、いもうととわたくしは今、修羅にいる。**（あめゆじゅとてちてけんじゃ）**最期になってわたしに託した**おまえがたべるあめゆき**を求めて、**わたしはまがったてっぽうだまのやうにこのくらいみぞれのなかに飛びだ**す。

ああ、とし子よ、**死ぬといふいまごろになって、わたくしをいっしょうあかるくするために、こんなにさっ**

ぱりした雪のひとわんをおまへはわたくしにたのんでくれたのか。**（あめゆじゅとてちてけんじゃ）**　熱にあえぐ妹のとし子が欲する、その肉体を冷ますための**ふたつのかけた陶椀**《とうわん》の**あめゆき**。**ああとし子**よ　おまえのこのことばが自分にとって何であるか、今、**雪のひとわん**が意味することをわたくしはハッキリ分かったのだ。

　わたくしにはとし子のあえぎの声の向こうからもう一つの声が聴こえる。とし子のあえぎの向こうから聴こえる声、**（あめゆじゅとてちてけんじゃ）**あの声はどこから降ってくるのか。召されて逝こうとするとし子の**陰惨**《いんさん》**な蒼鉛**《そうえん》**いろの暗い雲を**引き裂いて、雪と声とが浮遊するわたしくの修羅に降ってくる。**（あめゆじゅとてちてけんじゃ）**ああ、この白く降る声をわたくしはどんなに待ち望んでいたことか。わたくしはこの声を生きるためにいのちを授かったのだ。とし子は、わたくしの修羅を**いっしょうあかるくするために**、天からの声をわたしに確かに届けて、今逝こうとしている。**（あめゆじゅとてちてけんじゃ）**がわたくしのいのちの発光体となる。わたくしの中で**（あめゆじゅとてちてけんじゃ）**がとし子と一体となる。

　（O ra O ra de shitori egumo）、**（うまれでくるたて／こんどはこたにわりゃのごとばがりで／くるしまなあよにうまれでくる）**　愛するとし子よ、こわがることはない。**あんなおそろしいみだれたそらから、このうつくしい雪がきたのだ。**きっと**おまへがたべる**このゆきは**兜卒**《とそつ》**の天の食に變って、やがておまへとみんなとに聖い資糧をもたらす。**わたくしは、**わたくしのすべてのさいはひをかけてそれをねがふ**のだ。

　とし子のことばはわたくしに落雷の衝撃をもたらし、天からの啓示の声となった。**（あめゆじゅとてちてけんじゃ）**は暖かな愛の雪となってカテドラルにふりそそぎ響きわたる。

　この、己を捨てた祈りが、死者も生者もない、とし子もわたくしもみんなも永遠のいのちを得て集う世界を実現させたのである。賢治が辿り着いた、この世の修羅に在って死者が生者と共に生きられるもう一つの愛の時空であった。

とし子の死の一年後の大正一二年一二月に出版された『注文の多い料理店』（東京光源社、一九二四・一二・二〇）の序には、「けれども、わたくしは、これらのちひさなものがたりの幾きれかが、おしまひ、あなたのすきとほったほんたうのたべものになることを、どんなにねがうかわかりません。」と見事に呼応する。「見えない《ホントウ》」を掘り起こす深層批評の〈読み〉が私に現象させた「永訣の朝」である。

第一章

物語と格闘する語り手

一　物語と語り手の相克
――〈金色の獅子〉はなぜ語られたか（宮沢賢治「猫の事務所」）

1　日本語の「私」を問う

（1）　物語と主体

運命を受け入れられず悶々と過ごす日々が若き日の私にはあった。虚栄と劣等感、傲慢と偏見、攻撃と自虐、恥辱と嫉妬……尽きることなく湧き上がってくる毒素の感情の渦にのみ込まれ藻掻いた。この牢獄からどうにも逃れられなかった。己を嘔吐し自閉した。何時からか文学が私に寄り添っていた。ある時は石川啄木と共に己のみじめさを泣き、泣き疲れ、乾いた涙の向こうに見えた虚空に私の心は安らいだ。「泣き尽くして己を流してしまえば、新たな世界が見える。」と思えた。未熟者の言い草である。だが、以来こだわりの己を脱ぎ捨てた虚空を考えるようになった。それが誤読であろうがなかろうが『一握の砂』の歌はそうしたものとして私にはある。そこには「己の物語」と「私」の終わりのない格闘がある。余りに余りに私的なる私の「文学の根拠」である。

日本語の際立った特質は発話主体が常に聴き手との相関に身を置いて語ることにある（敬語のみならず）。この配慮は貴賤上下の意識に止まらず、話し手聴き手の関係様相のあらゆる場に見られる。客体を問うことを経験とし、それを生きることで思想を語った哲学者森有正は、日本人において「汝」に対立するのは「我」ではないということ、対立するものも亦相手にとっての「我」なのだということである。」とこれを的確に指摘した。日本語の「私」（主体）が根源的に抱え込んでいる「二項関係」のアポリアである。

日本語においては、一人称が真に一人称として、独立に発言することが、不可能ではないとしても極度に困難である。一人称が真に一人称として発言するということ、「二項関係」の外に立って発言するということは、換言すれば、他にとっては、三人称になるということである。そういう意味で、三人称と一人称は相関であると考えている。

（森有正『経験と思想』岩波書店、一九七七）

日本語の「二項関係」が一人称と三人称の相関に立つことを極めて困難にしていることは、私たちの生活経験から容易に納得できることとであろう。日本語で「あなた」が他者となることは難しい。「お父さんは……」、「先生は……」と、「私」が向き合っているのは「あなたの私」、「私のあなた」だからである。日本人の主体論の起源は此処にある。

文学研究者田中実は日本の近代小説成立の困難をこう述べている。

ところで、日本語の一人称は「僕」も「自分」も、「手前」も「己」も一人称が二人称に反転する自他未分のなかにある。主体は絶対的なるものに対峙し得ない構造を抱えている。日本語による三人称客観小説の成立はことさら困難で、それ自体が自他の反転を超越する地平を要求する。

（田中実「断層Ⅳ　三項という根拠」『日本文学』二〇〇八・三）

森有正は、「二項関係」の外部に一人称と三人称の相関を考え、田中実は、三人称客観小説成立の困難は「自他の反転を超越する地平を要求」されることにあるとした。「二項関係」の客体は私の想像の客体、思い込みの自問自答になっていく。日本語の私の世界は相手がどう思っているのかをめぐる堂々巡りになる必然性がここにある。そして、そこには言い訳、自己弁護が待ち受けている。日本語で生きる私たちの世界観とこのことは深く関わっている。

さらに、このことは文学作品の世界観である「〈読み〉の原理」をも拘束していく。田中実は、自身の「第三項論」のオリジナリティに触れ、「これまで、主体と客体の二項で読んでいたものを主体と客体そのものの三項のメカニズムで捉えること、これだけです。ただこれが世界観認識を解く秘鑰《ひやく》だと私自身は考えています。」、「主体の捉える客体の〈向こう〉、超越との格闘を経た了解不能の《他者》、第三項の〈影〉の領域に明日の文学教育学の拠点を想定しています。」（田中実「文学教育の伝統と再建」『月刊国語教育』二〇一一・三）と述べた。

私は、田中実が「第三項」を想定する必然に納得する。〈読み〉で現象する〈本文〉は読み手の思い込みの痕跡であり、どこまでも実体には至らないからだ。読書行為は、読み手が捉えた〈本文〉をことばの起源以前から照らし返し、〈本文〉に内在する「第三項の〈影〉の領域」を浮上させ、掘り起こしていくことにある。日本語の「私」（主体）はそのような〈読み〉に宿る。

(2)　宮沢賢治の修羅との相克

宮沢賢治も修羅（物語）と春（超越）の相克を抱えて生きていた。賢治は「二項関係」のルツボで苦悶し、その深層に「すきとほったほんたうのたべもの」を求めて、己の命を激しく燃焼させた。

ですから、それらのなかには、あなたのためになることもあるでせうし、ただそれっきりのところもあるでせうが、わたくしには、そのみわけがよくつきません。なんのことだか、わけのわからないところもあるでせうが、そんなところは、わたしにもまた、わけがわからないのです。

けれども、わたくしは、これらのちひさなものがたりの幾きれかが、おしまひ、あなたのすきとほったほんたうのたべものになることを、どんなにねがうかわかりません。

宮沢賢治の初めての童話集『注文の多い料理店』（東京光源社、一九二四・一二）のこの序は、その八か月前に自費出版された第一詩集『心象スケッチ　春と修羅　第一集』（関根書店、一九二四・四）の序である「わたくしといふ現象は／假定された有機交流電燈の／ひとつの青い照明です／（あらゆる透明な幽靈の複合體）……」と共鳴し合い、賢治の世界観、人間観を明確に示すものになっている。本章では賢治の「猫の事務所」の結末をとりあげ、物語と語り手の相克を論じてみたい。

2　「猫の事務所」結末の物語

（1）「猫の事務所」のこと

「猫の事務所」は一九二六年（大正一五年）三月、『月曜』（三月号）に発表された寓話である。宮沢賢治は三〇歳であった。そして、その月末に四年四か月勤務した花巻農学校を依願退職している。四月からは下根子桜の別宅に家出同然で移り住み、荒れ地の開墾をはじめることになる。「猫の事務所」はこれまで高等学校の教科書（『高等学校国語Ⅰ』三省堂、一九八五）に一度掲載されたが二期で姿を消した。しかし、猫たちの逃れられない差別の牢獄との闘いが語られたこの寓話は今日でも価値ある文学教材である。

（2）「猫の事務所」の結末で何が起きたか

主人公の〈かま猫〉は愚直で気弱な人の良い人物である。〈かま猫〉とは猫の種名ではない。生まれは何猫であれ土用に生まれたために皮が薄く寒がりで、夜はかまどの中で眠る猫をいうのである。そのため、いつでもからだが煤けてきたなく、殊に鼻と耳は真っ黒でまるで狸のようだった。他の猫たちの嫌われ者になっていた。

その〈かま猫〉が猫たちの憧れの役所である「第六事務所」にエリート（最下位の四番書記）として四〇人の中からたった一人採用される。この事務所は猫の地理と歴史を司っていた。ところが、彼は「かま猫」であるが故に、同僚の一番書記〈白猫〉、二番書記〈虎猫〉、三番書記〈三毛猫〉からいわれのないいじめを度々受ける。ついには庇ってくれていた事務長〈黒猫〉までもが三匹の讒言《ざんげん》にはまりいじめに加わってしまう。風邪を引いて欠勤した次の日、かま猫は誇りとしていた原簿を読む仕事も取り上げられ、四匹から徹底した無視を受ける。耐えきれなくなったかま猫は昼過ぎからしくしく泣きはじめ、晩方まで三時間ほど泣いたりやめたり、また泣き出したりしていた。

その時です。猫どもは気が付きませんでしたが、事務長のうしろの窓の向こうに、いかめしい獅子の金色の頭が見えました。

獅子は不審そうに、しばらく中を見ていましたが、いきなり戸口を叩いてはいってきました。猫どもの愕《おどろ》きようといったらありません。うろうろうろうろそこらをあるきまわるだけです。かま猫だけが泣くのをやめて、まっすぐに立ちました。

獅子が大きなしっかりした声で言いました。

「お前たちは何をしているのか。そんなことで地理も歴史も要ったはなしでない。やめてしまえ。えい。解散を命ずる」

こうして事務所は廃止になりました。

ぼくは半分獅子に同感です。

（『新修宮沢賢治全集』筑摩書房）

3 「猫の事務所」の結末はどう読まれてきたか

（1）物語批評の位相の〈読み〉

健気な彼、何ひとつ落ち度のない彼、しかも不当な差別を受けて苦しむ彼——そのかま猫が他の「猫ども」と一緒に切り捨てられてしまうのでは、納得がいかない、獅子はもっとよく事情を確かめるべきではないか、との思いを「ぼく」も読者も抱く。そこに「同感」の「半分」である理由がある。

（遠藤祐「〈かま猫〉と「猫の事務所」のなりゆき……ある語り手の物語る……」『学苑』八〇四号、二〇〇七）

多くの読者が初読後この物語に思う感想である。感情的に事務所の解散を命ずる獅子の裁定は十全ではなく、いじめ抜かれてなお「凛と立ち続ける」かま猫は当然救われるべきである。そう語り手「ぼく」は獅子を批判して物語を語り終えたのだというのが遠藤祐の解釈である。しかし、牛山恵は語り手「僕」は「物語を停止したのだ。」と読んだ。

しかし、そのように物語が停止したところから始まる読みがあってもいいだろう。それは「僕」とは何かを問う読みだ。獅子の登場はもしかしたら「僕は半分獅子に同感です」ということが言いたいために設定されたものかもしれないのである。……その「半分」で語り手は何が言いたいのか……多くの完結する物語の形を捨てて、作者は物語を読者の思考に任せたのである。

（牛山恵「宮沢賢治の童話に見られる批評性「猫の事務所」の読みを通して」『日本文学』一九九五・八）

結末に主人公〈かま猫〉の救済の願いを読んだ遠藤と違い、牛山は事務所を廃止しても猫社会の内なる差別はなくならないことを語り手「僕」の問題とした。語り手「僕」は差別の物語を完結することができなかった。作者はこの物語に行き詰まり、思考を停止せざるを得なかった。作者の敗北が未完のまま作品を読者に投げ出すことになったと論じた。

また、田近洵一はこの牛山論を引き受け、これを「語りの放棄」とした。

こうして、語り手は、十分に語りきることができずに、しかし、幻想としての物語は終わらせた。語り手は幻想を語る語りの座から下りたのだ。語り手は物語を放棄した。このことを、語り手の責任の放棄だと見ることもできよう。しかし、「……半分獅子に同感……」の文言は結末に問題があることを明示したことも事実だ。語り手は自分の語りにコメントをつけることで読者に問題を投げかけたのである。

（田近洵一「教育における〈読み〉の倫理――宮沢賢治「猫の事務所」の〈読み〉に視点を置いて」『社会文学』第一六号、二〇〇一・一二）

田近は牛山論をさらに踏み込み、語り手は物語を放棄し、その座を下りたとした。そこには語り手の倫理の問題が残る。ただ、救いは語り手が最後の一文で問題が解決していないことを吐露し、これを読者に託したことだと読んでいる。語られた客体の物語を主体である読者が批評する田近の物語批評の〈読み〉の原理から生まれた解釈である。

（2）物語を超越する語り手の位相の〈読み〉

しかし、私は田近・牛山論と違う〈読み〉をしている。なぜ、〈金色の獅子〉が語られねばならなかったか、語り手が「ぼくは半分獅子に同感です。」と語ったかを、プロットの深層、メタプロットの〈文脈〉で読むことができると考える。プロットの物語が因果の円環を閉じていないことは牛山のいう「作者の思考の停止」、或いは田近のいう「語りの責任の放棄」ではない。それは、「物語内部」の相関を語る語り手の世界を読むか、「物語の内部」と「第三項」（見えない《ホントウ》）との相克を語る超越の語り手のギリギリの世界を読むかの違いから生まれる。

中学校の優れた実践者である望月理子は「半分同感」がこの作品の鍵語であると考えた。初期形にはこの一文はなく、「みんなみんなあはれです。かあいそうです／かあいそう、かあいそう。」（『新校本　宮澤賢治全集第九巻』筑摩書房、一九九五）と締め括られていることと照応し、望月は、初期形は「語り手は作品の内部にいる。」、決定稿は「語り手が、「言語以前」に戻ることを要求した獅子をさらに超える位相にいることを示す。」と、語りのメカニズムを捉えた。

「半分」があるにせよ、語り手は、まず獅子の裁きに全面的に賛同したことを意味する。猫社会は、徹底的に破壊し、原始に戻って考えねばならない惨状にある。……一方で、語り手は「賢いようでばかな」猫達の、「〈私の中の他者〉」の輝きも同時に映っている。修羅の世界の苦しみも悲しみも相対主義の極点から折り返すことによって、今度はいとおしい命のひとつひとつに見える。語り手は、獅子の触れなかった事務所の開設等の猫社会の再生を浮かべているのである。

（望月理子「教室で読む「猫の事務所」――「半分同感」の意味」『日本文学』二〇一一・三）

望月は「猫社会は徹底的に破壊され、修羅の世界の苦しみも悲しみも相対主義の極点から折り返」さなければ再生はないと語り手の「ぼくは半分獅子に同感です。」を読んだ。

しかし、須貝千里はその語り手「ぼく」自体も批評されなければならないとした。

> 超越者である獅子の解散命令は事務所の根源的な再生を提起している。しかし、獅子の宣言は生そのものの否定である。……かま猫はいかにしたら新たな希望を見出すことができるのか。語り手の「ぼくは半分獅子に同感です。」という表明はこうした問いと向き合っている。……しかし、そのことによって、語り手の「ぼく」は問われている。自らの同情と侮蔑の二面性が問題として自覚されていないからである。……この問題は語り手「ぼく」自体の批評に向かっていく。こうした文脈の掘り起こしによって現れ出てくるのは……小説の領域である。」
>
> （須貝千里「〈神々〉の国で〈神〉を問う――国語教育の問題」『日本文学』二〇一一・三）

獅子を超える語り手の位相か、語り手「ぼく」を批評する位相かの問題である。須貝が指摘するように、望月の「獅子を超える語り手」は物語の内部にいて修羅の世界を振り切れていないかに見える。語り手「ぼく」はかま猫への同情、猫への侮蔑を引きずって語ってきたからである。しかし、私は須貝が問題にした「みなさんぼくはかま猫に同情します。」、「それは猫なんていふものは、賢いようでばかなものです。」から、望月の「半分同感」に至る語り手の「心のドラマ」こそ読まれなければならないと考える。ここに物語と語り手の欲望との格闘の過程を須貝は読むべきであった。物語との格闘の末に、語り手「ぼく」は「後の半分」に辿り着いたのである。獅子の裁きを受け入れた時、その向こうに「後の半分」問題が浮上してきたのである。

望月が「半分同感」に物語の深層を読んだことは共感する。ただ、「相対主義の極点」を折り返し、「いとおしい命」に至る理路はあっても、修羅の物語と超越の語り手との相克が、私にリアルに伝わってこなかったのが惜しまれる。次に、私が深層の語りの相克をどう読んでいるかを述べてみたい。

4　物語と語り手の相克

(1)　欲望の牢獄を内破する力

〈金色の獅子〉の裁定は外在からの暴力による破壊である。〈猫ども〉にとっては天災であったかもしれない。しかし、これを〈猫ども〉が己の内なる問題として引き取らなければいじめの牢獄は内破できない。〈猫ども〉はこの事態と対峙し、己を焼き尽くす内面で窯変しなければならない。でなければいかなる事務所の再生も移動に過ぎない。十年前私はこう論じたことがある。

実は〈猫ども〉が絶対不変と思っている猫社会の序列制度や差別の構造は〈幻想〉ではないのか、本当には頼りにならないものではないのか。そして今、〈獅子〉の審判によって〈猫ども〉は〈ただの猫〉になってしまった。しかし、この〈ただの猫〉、そこに立たなければこの修羅の世界に光明を見いだすことはできないのではないか。宮沢賢治もまた下根子でそのことを考えていたような気が私にはするのだ。

（中村龍一「人物に見えるもの、語りに見えるもの、読者に見えるもの――宮沢賢治「猫の事務所」を読む」（『月刊国語教育』東京法令出版、二〇〇一・一〇）

いじめの牢獄から抜け出せなかった五匹の猫たちが、己が〈ただの猫〉であることを心底得心できれば、何猫が事務長の地位に付こうと己が何番書記であろうと、それは仕事上の役割に過ぎなく、むしろ猫としての生のあり方（倫理）が敬愛のモノサシとなることも可能なのである。しかし、このことを己のものとすることがいかに困難なことであるか、ここに賢治の己の物語と主体（語り手）の命がけの相克があった。賢治の「焼身幻想」（見田宗介『宮澤賢治』岩波書店、一九八四）があった。田中実はこう捉えている。

> 永劫の虚無の消失点を覗き込ませる仕掛けによって見ている主体を焼き殺し、そこに新たな主体が生まれる。それがそのまま「春」を生み出す。賢治童話の「すきとほったほんとうのたべもの」を食べるためには己れを己れとしてそのまま受け入れることである。
> （田中実「すきとほったほんとうのたべもの」を「あなた」へ――宮沢賢治「どんぐりと山猫」の深層批評」『日本文学』二〇一〇・二）

田中は「主体を焼き殺す」ことは「己れを己れとして受け入れること」と同義だと言う。このことばを我がものとすることの絶望は言うまでもないが、誰もがこの難問を抱え込んで浮遊している。賢治の絶望との相克は今日のポストモダンを生きる私たちの欲望をも貫く。賢治童話には絶望の向こうが仕組まれており、それが了解不能の《他者》となって読者に働きかけてくる。「猫の事務所」では〈猫ども〉の欲望の相関を〈金色の獅子〉の一喝が無化した。それを己の欲望地獄の果てで受けとめ、それぞれの猫の「私」が問われなければならない。もちろん語り手「ぼく」でもある読者の「私」も問われなくてはならない。

余りに唐突な〈金色の獅子〉の登場は、プロットの因果の〈読み〉では架橋できない。《ことばの零度》、虚無の奈落がポッカリ空いて残されてしまう。ところが深層ではその虚無が詩となる。了解不能の《他者》、第三項《原文》の〈影〉が一条の光をもたらすのだ。それ故、〈金色の獅子〉は百獣の王の絶対的暴力と金色の光の一体として語られねばならなかった。いじめの修羅を春にする力が〈金色の獅子〉のことばの起源に宿っている、そう深層の語り手は語った。それは起源からの光を内なる命とすることだ。これが私が捉えた〈金色の獅子〉と「ぼくは獅子に半分同感です。」の深層の意味である。だが、猫たちは「すきとおったほんとうのたべもの」をまだ口にしてはいない。

（2）「深層批評」を授業に生かす

望月理子の実践（韮崎市立韮崎西中学校一年生――前掲『日本文学』二〇一一・三）、そして私の実践（習志野市立袖ヶ浦西小学校六年生、二〇〇四）も深層の語り手の位相に子どもの〈読み〉は届いていない。授業では、子どもたちは主人公〈かま猫〉を救い、いじめのない猫の事務所を再建しようと懸命に討議した。だが、いかに原簿を書き変えても、事務長を〈かま猫〉に据えても差別は解決できない。どう首をすげ替えようと、どの猫族がすぐれているかに絶対の根拠はなく、たちまち相対化されるからである。「どんぐりと山猫」のどんぐりたちの価値相対と同様、混沌のルツボで溺れるだけである。

しかし、「猫の事務所」では結末の一文の深層に「〈金色の獅子〉のことばを我がものとし、ことばの起源以前に立ち、己の欲望地獄を内破せよ。」と語る超越の語りが潜んでいる。教室の読者がこの焼身の禊ぎに己を晒したとき、いじめ地獄に暁光が差してくるのだろう。

私や望月の実践の限界は子どもの〈読み〉の未熟ではない。解散を命ずる〈金色の獅子〉のことばと語り手「ぼく」の「ぼくは獅子に半分同感です。」が孕む問題をことば以前まで立ち返り、そこからメタプロットの〈文脈〉を掘り起こすことの不徹底である。物語の深層で、第三項《原文》の〈影〉と超越の語り手の己を賭けた相克を読むことである。物語の高見に立ち批評するのではなく、物語と格闘する読者に立たせることである。

「深層批評」が文学の〈読み〉の授業に新たな世界を拓くことを、私は確信している。

二　愛に目覚めたのらねこの物語
――「のらねこ」（三木卓）の面白さを引き出す

1　連作短編集『ぽたぽた』と教科書版「のらねこ」

小学校三年生の文学教材は絵本や民話・昔話から童話への移行期の役割を担っている。「おにたのぼうし」、「白いぼうし」、「ちいちゃんのかげおくり」、「モチモチの木」、「つり橋わたれ」、「わすれられないおくりもの」、「のらねこ」等、たとえ絵本であっても読みごたえのある作品が各社の教科書に掲載されている。それに伴って、文学作品の基本的な「〈読み〉の原理」もこの三、四年生で学ばせたい力である。

「のらねこ」の作者、三木卓（一九三五〜）は詩集『東京午前三時』（思潮社、一九六六）でH賞を受賞し、詩人としての地位を確立した。その後、小説も手がけ、一九七七年には「鶸」で芥川賞を受賞、現在も発表し続けている。児童文学のジャンルでも、『星のカンタータ』（理論社、一九六九）、『元気のさかだち』（筑摩書房、一九八六）をはじめ多数著作があり、翻訳でも、アーノルド・ローベル『二人はともだち』（文化出版、一九七二）の「がまくんとかえるくん」シリーズ等がある。

「のらねこ」は三木卓の連作短編集『ぽたぽた』（筑摩書房、一九八三）に収録されている。教科書の掲載は、教育出版（『ひろがる言葉　三年下』一九九六〜）一社である。『ぽたぽた』での表記は、漢数字以外はすべてがひらがな書きとなっている[注1]。教科書版では、「学年配当の漢字表記、会話文の句点の挿入、書き換え一箇所（作者承認）[注2]」で改稿されている。ここには看過できない本文批評の問題はあるが、本論は教材としての「のらねこ」を論ずるため、教科書版をテキストとする。

ところで、三年生の文学教材として、「のらねこ」の教師の評価はあまり高くないという。確かに、三年生の文学教材の中では授業実践の記録は少ない。教育出版の指導書でも、アニマシオンの読書教材として軽い位置づけとなっている。現場教師からは「結末に物足りなさが残る」作品であるという声も聞く[注3]。そこで、「のらねこ」の教材価値を再検討してみたい。「語り」を読むことで、「のらねこ」の面白さ、その魅力をできる限り引き出すのが本論の意図である。

指導書には作者三木卓が「愛の勇気」という短い文章を寄せており、ここで三木は「主題は愛です。」ときっぱり言い切っている。授業がこの作者の主題に振り回される危惧も感じるが、私はむしろ「アニミズム的要素[注4]」というこの短編集を貫くキーワードに惹かれた。

2　「のらねこ」のストーリー

〈リョウ〉のうちの庭に真っ黒で大きな〈のらねこ〉がやってきた。〈のらねこ〉は庭のまん中でごろりと横になったまま動かない。いつもの見回りだろうか？　それとも自分の存在をアピールしているのだろうか？　それを見て、〈リョウ〉がかわいがってやろうと近づくと、〈のらねこ〉はすばやくとび起きて身がまえる。人間を信用していないのだ。

「……後ろに、ほうき、かくしているだろう。」と〈のらねこ〉が言う。「かくしてなんか、いないよ。ほら。」、〈リョウ〉は両手を上にあげて二三度回ってみせる。それでも「……問題はポケットだ。男の子のポケットの中には、よく、ゴムのパチンコが入っているからな」と警戒心を解かない。実は、〈リョウ〉のポケットにはねこの餌の缶詰が入っていた。「それ、一口くれたら、かわいがらせてやってもいいよ。」と〈のらねこ〉は駆け引きにでる。

しかたなく〈リョウ〉は缶詰を開けることにする。しかし、〈のらねこ〉は餌を〈リョウ〉の手の上でなく、草の上に置けと言う。その通りにしてやると、〈のらねこ〉はのっそり歩いてきてゆっくり食べる。食べ終わると、「さあ、よし。おいしかった。リョウはいい子だということがわかった。それでは、いよいよ、かわいがられてやるとするか。」と言うのだ。〈リョウ〉はよろこんで近づく。すると、「それ以上、近づくな。……」と今度は威嚇する。〈のらねこ〉は人間にかわいがられた経験がなかった。人間の「かわいがる」という言葉を〈のらねこ〉は分かっていなかったのだ。

そこで〈リョウ〉は、やさしくことばをかけながら怖がらせないように、ゆっくりと五十センチほどのところまで近づき腹這いになる。そして一人と一ぴきは互いにねたまま前足をのばし合う。〈リョウ〉はそっと〈のらねこ〉の前足の先を撫でた。〈のらねこ〉もじっと為されるままにしている。風がそよそよふいている。

ところが、〈のらねこ〉は突然、「あ。」と声を出しその場から姿を消してしまう。〈リョウ〉の〈家ねこ〉が、やってきたのである。「やあリョウ。こんばんのおかずは、かれいのにつけだって。……」と、〈家ねこ〉は〈リョウ〉と家族の会話をする。

〈のらねこ〉を見失った〈リョウ〉は、夕ごはんまでカラスと三人で遊ぶことにして〈家ねこ〉といっしょに走って行ってしまう。屋根の上から、そのすがたを〈のらねこ〉がじっと見ている。

3 「のらねこ」の語り

(1) 童話「のらねこ」と語りの世界

「のらねこ」の物語世界が抱え込んでいる欠如は、〈のらねこ〉の漠然とした心の充たされなさである。〈のらねこ〉は、なぜかさびしいのである。語り手はこの欠如感をまさぐるように語っていく。ユーモラスな会話を中心に〈のらねこ〉のさびしさの在りどころをつまびらかにしていく。これが「のらねこ」を語る語り手の自己表出、語り手の欲望のベクトルである。

「のらねこ」の世界は三重奏の語りになっている。「のらねこ」に対する私たちの常識世界、〈リョウ〉のアニミズム世界、〈のらねこ〉の野良の世界の三重奏である。「〈リョウ〉は、〈カラス〉と〈家ねこ〉と自分を「三人」と呼ぶ。語り手は、その〈リョウ〉のアニミズム的世界を批評するように、「一人と一ぴき」と三度語っている。「一人と一ぴき」は私たちの常識世界である。そして、なぜか充たされない〈のらねこ〉の心の世界。この〈のらねこ〉の充たされない心をめぐって三つの世界が絡み合い抗い合う。三重奏の物語と、それを語る〈語り手の自己表出（欲望）〉との格闘に童話「のらねこ」の意味世界が生まれる。

「のらねこ」の語りに言及した先行論文には、細谷博の「〈たわいなさ〉と〈さりげなさ〉」がある。細谷は「のらねこ」の「語り」の特徴が「デス・マス」の敬体と、「会話文」・「地の文」・「心内語」という叙述形態にあり、その叙述形態の互いに越境できる曖昧さが読者の「〈読みの自由〉」を保証しているとする[注5]。

細谷は、「のらねこ」の敬体の語りに顔を出す〈心内語〉を機能させることで、「〈リョウ〉と〈のらねこ〉

の対話か、〈リョウ〉の自己内対話か」の曖昧な両義性が生まれるとした。この「心内語が敬体の地の文と会話文の境界線を〈あやふや〉にしている」という指摘が細谷論の独自性である。しかし、学習の場でこの細谷の「〈読み〉のメカニズム」を運用するならば、リアリズムの「ああも読めるが、こうも読める」という分析学習は想定できるが、アクチュアルな語りを顕現する「〈読み〉の方法」たり得ていない。叙述を実体化し、その固定化された正解の構造の幅に両義性を読む言語技術学習になってしまう。

〈読み〉の構造とは読者がとらえたことばの仕組みであり、現象した〈本文〉[注6]は読者が捉えた限りの思い込みの世界である。それは、「人物・もの・コト」の相関に読者それぞれが因果〈文脈〉を結び、読者それぞれに意味も生まれるからである。〈読み〉が思い込みとなることは逃れられない必然である。読者は自分の思い込みの〈本文〉に、「見えない《ホントウ》」を求めて〈文脈〉を掘り起こすのである。

語りを読むことは「地の文」も「会話」も「心内語」も、語り手が語ったとすることだ。その語り手も読者に現象した語り手である。全ての叙述（表記）は、語り／語られた関係の中の「地の文」であり、「会話文」であり、「心内語」である。全ての叙述（表記）は語り手が「何を語ったか」と「なぜ、そう語ったか」の相関関係に変換される。つまり、叙述（表記）を落語家や講談師が語るように読者が読み換えているのである。

読書行為の世界は、読者に生まれた「物語内部の関係様相の葛藤」と「語り手の自己表出（欲望）」のせめぎ合い、相克を読むことにある。これが語りの〈読み〉のメカニズムである。

「のらねこ」の語り手は、〈リョウ〉とのかかわりで起こった〈のらねこ〉の「心のドラマ」を、愛しみのまなざしでユーモラスに語っていく。

（2）　のらねこは、なぜやってきたのか？

のらねこがやってきました。
リョウのうちの庭のまん中で、ごろんと横になったまま、動きません。
真っ黒い背中と、しっぽだけが、こっちから見えます。

リョウの仲間のねこよりも、大きくて立派です。毛なみなんかも、つやつやしているし。

「のらねこがやってきました。」は、〈リョウ〉の視角から〈のらねこ〉との関係が語られている。やってきたのは名前もない〈のらねこ〉であった。日課の見回りの途中であろうか、〈のらねこ〉は庭のまん中でこれ見よがしに横になる。大胆な態度である。しかし、「なぜ、のらねこがリョウのうちの庭のまん中で横になったか」はひっかかって考えてみる価値がある。〈のらねこ〉は、真っ黒で毛並みもつやつやしている大きくて立派なねこである。たくましさがある。どうやら腹をすかせ餌がもらいたくて横になっているわけではなさそうである。では、なぜ？　それが物語の始まりである。

先走って言うならば、一見いつもの見回りに見えるこの〈のらねこ〉の行動が、その深層ではひとりぼっちの寂しさに起因していたことが明らかになっていく。愛に飢えた〈のらねこ〉だったのである。そのことを〈のらねこ〉自身よく自覚していなかったのかもしれない。大きくて立派な〈のらねこ〉は、近隣のボスとして野良の王国を支配していたにしても、充たされない何かを感じていたのである。その欠如を〈リョウ〉が埋めてくれるような気がしたのではなかろうか。

一方、〈リョウ〉には、「リョウの仲間のねこよりも」と語られるように、ねこの仲間がいるらしい。普段、私たちの常識はねこを仲間と呼ばない。終末に「カラスと三人であそぼうか。」と語られているように、カラスも、ねこも人間も同等に心通わす超自然世界を〈リョウ〉は生きている。〈リョウ〉の世界は、私たちの常識を超えている。「人間は、生まれ落ちたときには、石器時代の人間や縄文時代の人間とほとんど違いのない心の世界を生きているはずです。」と、三木卓が「愛の勇気」で述べた「アニミズム的」世界の住人である。幼児のアニミズム世界（心の世界）に遊ぶ無意の〈リョウ〉と心の飢えを満たしたい〈のらねこ〉の出会いに生まれた奇跡がユーモラスな会話で語られていく。

(3)〈リョウ〉と〈のらねこ〉の駈け引きの意味？

〈リョウ〉は、この大きな黒ねこと友だちになりたいと思い、ねこの缶詰をポケットに忍ばせて？　庭にでる。〈のらねこ〉は素早く身構えるが逃げない。でも警戒心は解こうとしない。〈リョウ〉を近づけないのだ。「後ろに、ほうき、かくしているだろう。」、「男の子のポケットの中には、よく、ゴムのパチンコが入ってるからな。」と、実によく知っているのである。〈のらねこ〉はそうした人間との危険な日々を生き抜いてきたのである。

ところが、〈リョウ〉のポケットに餌の缶詰が入っていることがわかると、〈のらねこ〉は駈け引きに出る。


「でも、これ、うちのねこのだから。」

「ああそう。」

のらねこは、じっとかんづめを見つめながら言います。

「うん、そう。」

リョウが言います。

一人と一ぴきは、しばらくだまっています。

「じゃあ、またね。」

リョウは行こうとしました。

「それ、一口くれたら、かわいがらせてやってもいいよ。」

（中略）

「そうだなあ。でも……。」

「たった一口でいいんだよ。（後略）」

「まあ、それは――」

「けち、リョウのけち。そんなことで、かわいがってやるもないもんだ。ふん。自分のねこが、そんなにかわいいか。」


この会話は、見事に、〈のらねこ〉が狙った餌を手に入れたように読める。しかし、「一口くれたら、かわいがらせてもいいよ。」である。やはり〈のらねこ〉は腹をすかせていたわけではなかった。その上、もし〈リョウ〉が遊び相手を餌で釣ろうとして、あえて缶詰をポケットに入れて庭に出てきたのだとしたらどうだろう。互いの策略は空振りしているのだが、望み通りの成りゆきに落ち着いたことになる。心の渇いた〈のらねこ〉は、いつもの人間たちとはどこか違う〈リョウ〉に以前から興味を持っていたのではないか。一方、〈リョウ〉は〈のらねこ〉を餌の缶詰で手なずけて遊び相手にしたかったのだろう。

佐藤久美子は「愛の駈け引き」をここに読む[注7]。この童話は〈のらねこ〉、〈リョウ〉、〈家ねこ〉の「愛の三角関係」の物語だと言う。確かにそうした雰囲気の会話ではある。私には「愛の三角関係」は深読みに思えたのだが、語り手は〈のらねこ〉に「ふん。自分のねこが、そんなにかわいいか。」と言わせ、その後、「それとも、リョウのねこが食べるのをへらしてしまうために自分が食べてしまうのだ、というのかな。」と語っているから、〈のらねこ〉が〈リョウ〉に近づいたのは嫉妬が深層にあったと読めなくはない。とにかく、〈のらねこ〉の目的は餌にあったのではなく〈リョウ〉自身だったのである。

(4)「かわいがられる」ってどういうこと?

「じゃあ、どうやってきみをかわいがるの。」

「そのへんでかわいがれ」

「ここから、どうやってかわいがれるの」

「え」

「え」

一人と一ぴきは顔を見合わせます。

「ねえ、きみ、もしかして、かわいがられるって、どういうことか知らないんじゃない」

「知ってるわけないだろ。どこでも売ってないないし。」

(中略)

「へえ、そんなことをするのか。で、そんなこと、なぜするのか。」

「ああ、それも知らないのか。かわいがってもらうと、とても気持ちがいいし、うれしくなるんだよ。」

「へえ。そんなもんか。ちょっと、よくわからないが、じゃあ、やってみてくれるか。」

「かわいがろう」とする〈リョウ〉と、威厳ある物言いだが、意味を理解できない〈のらねこ〉のすれ違う会話が次々とユーモアを生んでいく。〈リョウ〉が言ったように、「かわいがられるってどういうことか」、〈母さん〉の記憶もないホームレスの〈のらねこ〉には分からなかったのだ。触ったり、撫でたり、抱いたりする人間の「かわいがる」行為を〈のらねこ〉は今まで体験したことがなかったのである。〈のらねこ〉にとって、「かわいがられ」た体験は遠くから餌をもらうぐらいだったのではなかろうか。「そのへんでかわいがられ」はそのことを語っている。荒寥とした精神世界を〈のらねこ〉は生きてきたのであろう。もちろん、〈のらねこ〉にその自覚はない。野良猫の世界しか知らないからだ。〈リョウ〉と〈のらねこ〉は言葉が共有されていないことがここで明らかになる。

(5)〈のらねこ〉のことばをこえて——奇跡はなぜ起きたか?

「こわい。それいじょう近づかれると、にげ出すか、とびかかるかしかない。」

「じゃあいい。そこから前足だけのばして。ぼくも前足だけのばす。」

「こうか。」

一人と一ぴきはそこにねたまま、前足をのばし合います。

のらねこの前足を、上からそっとさわります。びくっとします。

「こわくない。こわくない。」

リョウは小さな声で、なだめるように言います。
そっと前足で前足の先をなでてあげます。
のらねこは、じっとしています。
風がそよそよとふいてきます。

幼児のアニミズムであったにしても、〈リョウ〉の無意の好奇心が、〈リョウ〉の「前足だけ」をのばさせ、〈のらねこ〉を優しくなでさせたのである。こうして奇跡は起きた。〈リョウ〉はいつものように新しい仲間と遊んだだけだ。「猫」とも「カラス」とも「自分のかげ」とも「郵便ポスト」とさえ〈リョウ〉は自由に心を通わせ会話する[注8]。「一人と一ぴきはそこにねたまま、前足をのばし合います。」、「そっと前足で前足の先をなでてあげます。」、これは暗喩を超えた憑依のことばである。一人である人間〈リョウ〉の手がねこの足に化身し前足をのばしたのである。〈リョウ〉の手は猫の足になってしまった。〈リョウ〉の手は人間を超え、〈のらねこ〉は野良猫の前足を超えてしまった。互いの通念を超えた〈ただの前足〉そのものになってしまった。童話「のらねこ」に仕組まれている意味の無化である《零度の詩句》[注9]、深層の入り口がここにある。だから、〈のらねこ〉も応じたのだ。異類である「一人と一ぴき」がヒトとネコを超え、同じ〈イキモノ〉となって確かに触れ合えた一瞬であった。それは〈のらねこ〉にとってこれまで体験したことのなかった感覚だった。〈のらねこ〉は自分が知っていた「かわいがる」の外部を知覚したのである。「風がそよそよとふいてきます。」は、〈のらねこ〉と〈リョウ〉が共有した心地よい感覚の描写である。そこでは野良の世界が消え、愛に包まれた時空が静止している。

しかし、それもつかの間、〈家ねこ〉の登場で現実の〈リョウ〉と〈のらねこ〉の関係に戻されてしまう。

（6）〈のらねこ〉に残った手の感触、温もりの記憶

終末はこう語られている。

リョウはよろこんで、ねこといっしょに、走っていってしまいます。屋根の上から、そのすがたを、のらねこが見ていています。

〈リョウ〉と〈家ねこ〉は屋根の上で〈のらねこ〉が自分たちを見ていたことを知らない。〈リョウ〉は自分の行為の意味に無頓着である。いなくなった〈のらねこ〉を気遣うこともなく〈カラス〉を探しに行ってしまう。語り手は〈のらねこ〉の内なる視点から〈リョウ〉たちを語っているのではない。〈のらねこ〉はその二人の姿を屋根の上からじっと見ている。それを語り手はさらに、その〈のらねこ〉の背後の俯瞰から語っている。人物〈のらねこ〉の外部の位相から語っている。語り手は、〈のらねこ〉と、その〈のらねこ〉の視角から見える〈リョウ〉と〈家ねこ〉を重ねて相対化する視点に立っている。

そこでは、人間から排除され、かといって野生に帰れず、人間社会から自立して生きることもできない野良の生活を背負い、〈のらねこ〉は〈リョウ〉から受けとった感触に「かわいがられる」ということばを重ね、思いを巡らせている。前足にまだ残っている〈リョウ〉の手の感触、温もりに「かわいがられる」ということばを重ね、記憶にしみ込ませるている一匹の野良猫がいる。

4　愛の覚醒、物語の深層

のらねことという「**?**」。私たちにとってのらねこは不可解という魅力をいつでも漂わせている。題名が「のらねこ」であることも首肯できる。教科書も連作短編集『ぽたぽた』も杉浦範茂が挿絵を描いているが、『ぽたぽた』の題名の下に描かれた挿絵はねこの形をした大きな**?**になっている。そして、**?**の下の・が♥のマークである。「のらねこ」って「**?**」、「かわいがる（愛）」って「**?**」を思わせる。

終末の一文を読み終えたとき、読者は、「屋根の上で、のらねこは何を考えていたのだろう。」と、その語られなかった心情に思いをめぐらせたくなる。〈のらねこ〉の「心のドラマ」を読みたくなる。「のらねこ」にはそうしたことばの仕組みが仕掛けられている。小学校三年生での授業報告では次のような子どもたちの感想が綴られている[注10]。（筆者の要約）

＊リョウは変なやつだな　＊えさをくれたあいつのことはおぼえておこう　＊リョウの手はあたたかかったなあ　＊家ねこはちょっとうらやましいなあ　＊おれも楽して食べものがほしい　＊あたたかいところでねたいなあ　＊さびしいなあ　＊ひとりぼっちはいやだなあ　＊おれは自由に生きる方がいい　＊人間のペットにはなりたくない　＊おれはのらねこのほこりを持って生きるんだ

これは、子どもたちが「私だったら」と自分の経験を主人公〈のらねこ〉に重ねて想像した物語《ストーリー》の位相の心情理解である。〈のらねこ〉に自分を反映させた〈読み〉である。一方で、六年生では「かわいがられることの意味を知らなかったのらねこは、今、そのことをどう思っているのだろうか?」と考える子どももいる[注11]。語り手の位相に立つ〈読み〉である。三木卓「のらねこ」はそのことが語られている童話である。〈のらねこ〉は人間に追い払われ、餌を漁り奪い合って生き残ってきた。「かわいがられる」ということばとは無縁で〈のらねこ〉は生きてきたのである(遠くから餌をくれた人間はいたかもしれないが)。まして母に愛された記憶もない。人間の「かわいがる」ということばの意味に初めて出会った「心のドラマ」が童話「のらねこ」なのである。

田近洵一は「のらねこ」の語りを次のように読んでいる[注12]。

リョウがのらねこの心理的な状況を理解してその視点に立ち、自分も一匹の猫のようになって「前足」を伸ばし合うところは感動的だ。そこには、疎外されたもの＝のらねこへの愛がある。ところが、そんな触れ合いも、結局は、ファミリーの埒外の出来事であって、リョウは家猫とともに身内の中へもどって行く。それを見送るのらねこの姿は、思いやりとかやさしさとかのヒューマンな身内の世界と無縁な、疎外された外の世界の存在を明らかにする。のらねこは、そこで、孤独ながら、個として自立した存在で在り続けるのである。そこには、リョウとのらねこの触れ合いの場面と次元を異にする、作者三木卓の、人間本位のヒューマニズムとは無縁に生きる者への深い愛情がある。(傍線筆者)

疎外された孤独な世界を生きる個として自立した〈のらねこ〉の存在を田近は読む。〈家ねこ〉の登場で疎外される〈のらねこ〉の孤独と自立を前景化し、その外部から〈のらねこ〉を包み込む作者の温かい愛情を読んだ。

ただ、冒頭で「リョウの仲間のねこ」と語り、終末では〈リョウ〉に「カラスと三人であそぼうか」と言わせる〈リョウ〉の世界は、決してファミリー共同体だけのものではないだろう。〈カラス〉も、〈家ねこ〉以外の〈ねこ〉も仲間なのである。そこには〈のらねこ〉を排除する思想ははたらいてはいない。〈リョウ〉はファミリーのエロスの愛に生きているのではなく、幼きアニミズム、アガペーの愛を生きている子どもである。〈リョウ〉は「のら」と名付ける私たち大人の制度にまだ染まっていない（ここで『ぽたぽた』の主人公が幼児であったのに、教育出版の教科書では杉浦範茂の挿絵で小学生風にしたこととの問題が露見する）。

また、田近が言うように、これからも「のらねこは、そこで孤独ながら、個として自立した存在で在り続けなければならない宿命にあるにしても、屋根の上での〈のらねこ〉の沈黙の姿に、君臨してきた「野良の王国」の内心の牙城が崩れていく兆し、愛への一筋の通路が見えないだろうか。それは〈リョウ〉と触れ合った感触に、「かわいがられる」ということばを重ねることである。〈のらねこ〉の弱肉強食の荒涼とした野良の世界に一陣の春風が渡っていく光景である。また、そのことはほんとうの孤独や寂しさへの目覚めでもある。世界そのものが元より孤独であれば寂しいも無い。〈のらねこ〉が「かわいがられる」を知らなかったということは、孤独も寂しさも知らなかったということであろう。愛があるからふるえるような孤独もある。愛と孤独はひとつのものである。屋根の上で〈リョウ〉たちをじっと見送る〈のらねこ〉に、心を震わせる「❤？」のドラマが巻き起こっている。そして、そこから愛のリンゴを齧ってしまった〈のらねこ〉のほんとうのひとりぼっちも始まろうとしている。

ことばが世界をつくっている。私たちの常識である「一人と一ぴき」が「一人と一ぴき」の排除の世界をつくっていき、〈リョウ〉の「三人」ということばが「三人」の世界を現象させる。幼き〈リョウ〉の無垢なことばが、読者を愛ということばの起源に立ち返らせ、そのまなざしが「一人と一ぴき」の大人社会の制度のことばを削ぎ落とし、「そっと前足で前足の先をなでてあげます。／のらねこはじっとしています。」を実現させたのである。

語り手は、「愛の《ホントウ》」を求めて、人間に心を委ねられない〈のらねこ〉の心の渇きを〈リョウ〉の幼きアニミズムと闘わせたのである。そこでは、〈のらねこ〉が人間に対するトラウマを超えて《愛》に触れた一瞬のドラマが語られている。野良の世界に囚われている限り、生存さえ危うい孤独地獄を生きる〈のらねこ〉に愛の世界は見えなかった[注13]。童話「のらねこ」は、アニミズム世界で遊ぶ〈リョウ〉の詩のことばが〈のらねこ〉に愛を覚醒させた奇跡の物語である。

5　授業への展望

読書行為の要諦は、「見えない《ホントウ》」（《他者》）があるとして、「物語と語り手の自己表出（欲望）」の相克を読むことにある。相克は格闘である。自分を縛る内なる制度を脱ぎ捨てる葛藤である。今ある「私」を超えた向こうへの欲望である。繰り返すが、闘いの相手は自分を縛る内なる制度（物語）である。童話「のらねこ」では〈のらねこ〉の心の渇きの物語と語り手の格闘が語られている。

ここではできるだけ具体的に「学習＝指導過程」の指標を提案する。

(1)　初読・「語られた物語」を読む（ストーリーの読み）

出来事としての物語を読むことがストーリーの読みである。ストーリーは「そして〜、それから〜」と物語を紡ぐことで成立する。漢字の読みや語句の字義調べなどを含め、ストーリーを音読で読み込む。音読は読み聞かせるように、自分の〈読み〉を声で表現する。この学習には充分時間をとりたい。概ねそれぞれの子どもにストーリーが生成したところで、初めの感想を書き互いに読み合う学習をする。ここまでがストーリーの〈読み〉である。

(2)　再読・「語り手がなぜそう語るのか」を読む。(意味形成の読み)

語り手は読者が生み出す。語り手が、なぜそのように語るのかを考える〈読み〉である。叙述にこだわり物語と語り手の格闘を読むことに意味が生まれる。読者が因果を紡ぎ、〈文脈〉が生まれる。そう読みたくなる、その〈文脈〉に他ならぬ読者その人がいる。その人でしかない〈本文〉が生まれる。つまり、〈読み〉は、読者の内なる制度のことばが問われるのである。叙述にこだわり、語り手が物語と格闘し、自己倒壊していく深層の「心のドラマ」を読むことである。次に私が叙述でひっかかったところを挙げておく。

①　〈のらねこ〉は、なぜやってきたのか?
②　〈リョウ〉と〈のらねこ〉の駈け引きのドラマの意味すること?
③　「かわいがられる」ってどういうこと?
④　〈のらねこ〉が〈りょう〉に触らせたわけ?
⑤　屋根の上で、〈のらねこ〉は何を考えていたのだろう?

授業では、例えば叙述を模造紙に拡大して掲示し、ひっかかることばを掘り起こしていく。

（3）まとめ・物語世界をことばの起源から問う（作品論を書く）

人間とのらねこが互いのことばの制度を脱ぎ捨てた処で出会わなければ「愛」は生まれなかったことが語られている。この物語と語り手の格闘はそこに向かっている。これが私に現象した〈読み〉である。それは、つまり語り手を現象させたのが読者である私のことばであるなら、私のことばの制度が問われているということだ。読者は物語と格闘することで己のことばの制度を問い、窯変する。

「のらねこ」の言葉の仕掛けが、読者の内なることば制度を剝ぎ取り、ことばの起源から物語世界が問われる。例えば、「愛するとは何か」、「のらねことは何か」、を「のらねこ」の物語世界に問うてみる。そこでは読者の倫理が問われる。学習のまとめとは、互いの〈本文〉の共有を求めて、「のらねこ」論を書く。「のらねこ」論を読み合う。

[注1]「〈さりげなさ〉と〈たわいなさ〉」細谷博（『文学の力×教材の力』小学校編三年、田中実・須貝千里編、教育出版、二〇〇一・三）

[注2] 教育出版「指導書」
教育的配慮から原作者と相談のうえ、次の傍線箇所を改めた。
「かあさんなんて、みたこともきいたこともない。」→「母さんなんて……」

[注3] 千葉県習志野市の国語科研究校二校の雑談等で中村が聞いた話の紹介である
その根拠はこの童話のストーリーの結末にあるようだ。「物足りなさを感じる」のは、屋根の上の〈のらねこ〉に差別の〈文脈〉を読んで主題を捉えるからであろう。〈リョウ〉にさえも排除された〈のらねこ〉を読むのだ。文学教材の主題に学校の向日性が求められることから評判がよくないのではなかろうか。しかし、私に

はこれほど現代の向日性が語られている作品はないと読めるのである。

［注4］アニミズム的思考（『最新保育用語辞典』ミネルバ書房）
J・ピアジェが子どもの思考の自己中心性の特徴として指摘した概念である。子どもは精神発達が未熟であるためものにはすべて生命があるとみなしてしまうところからこのような考え方が生起する。

［注5］前掲　細谷博「〈さりげなさ〉と〈たわいなさ〉」（『文学の力×教材の力3』田中実・須貝千里編、教育出版、二〇〇一・三）

［注6］〈文脈〉・〈本文〉（『文学の力×教材の力　理論編』田中実・須貝千里編、教育出版、二〇〇一・三）田中実は「読み手は文学作品の文章の字義を拾い、それぞれの体験、感受性、能力などに応じて内なる文脈を生成させるが、この読みに現象した文脈（コンテクスト）を〈本文〉と呼ぶ。」と定義している。

［注7］「「のらねこ」（三木卓、教育出版、三年）の授業」佐藤久美子（二〇一〇・四、日文協国語教育部会、四月例会）江戸川区立本一色小学校　六年一組での授業実践の報告による。

［注8］『ぽたぽた』（三木卓、筑摩書房、一九八三・九）
〈リョウ〉を主人公にした連作短編童話である。〈リョウ〉は「自分のかげ」、「画用紙」、「カラス」、「ポスト」などと会話している。三木卓は「あとがき　作者からお母さんへ」でこう述べている。

　しつけ好きのお母さんがいなくなったときのこどもの世界。こどもがさまざまな拘束からのがれて、生きものの世界へもどり、ほうっとぼんやりしたときによみがえってくる世界です。なつかしい、生きていることをしっかり感じる世界です。

［注9］入沢康夫《零度の詩句》
　入沢康夫は、『詩の構造についての覚え書き』（思潮社、一九六八）で詩の構造を「降霊の儀式」や「祭典」にたとえている。

　……事物や人間が、その日常的なコンテクストから切り離され、あらためて厳粛な規則と順序と配列において再構成されるときに、そこに祭儀が表現する次第は、詩における個々の言葉関係の《聖化》と再構成、そして、そこへの作者及び読者の参与の仕方と、パターンとしてははなはだ似通ったものがある。

発話された言葉から日常的論理を剥ぎ取り虚無にかぎりなく近づくと発話の文脈《コンテクスト》が破壊される。その《零度の詩句》の地点から再び言葉関係が再構成されていくのが入沢康夫の「詩の構造」である。この《零度の詩句》が深層への入り口となる。入沢は表層の言葉が《聖化》され、詩の言葉に再構成されると考えている。しかし、蓮實重彥の表層批評は、「ことばに帰属先は無い」のだという「読みの権威」を完膚無きまでに破壊するための批評としてある。「権威による再現可能の考えは、特権的な制度として働き、それは悪だ」とする。（『表層批評宣言』筑摩書房一九七九・一二）それに対して、田中実は蓮實重彥の表層批評を受けとめ、そこから権威に向かうのではなく、己の「宿命の星」を掘り起こす深層批評を提起している。私の深層批評もここに立つ。

[注10] 授業報告での子どもの記述
「ことばと教育の会」の例会での佐藤久美子・世田谷区立九品仏小学校阪田敦子の実践報告。習志野市立袖ヶ浦東小学校の相原友子、門間雅利の実践記録（二〇一〇・一二）から中村がまとめた。

[注11] [注7]での佐藤久美子の6年生での実践報告からの引用

[注12] 田近洵一「三木卓「のらねこ」を読む――読みの学習のための覚え書きとして」（ことばと教育の会例会、二〇一〇・四）

[注13] 大澤真幸「もうひとつの自由――思考のヒント」（『MD現代文・小論文』朝日出版社、一九九八・六、受験生三〇人対象に）

第二章

文学教育の課題と授業を愉しむ〈読み〉の原理

一　「学習指導要領」改訂と〈読む〉ということ

――「白いぼうし」（あまんきみこ）を例に

1　子どもとことばの問題

教師生活も三十年を越えた私だが、「子どもが全くわからなくなった。」と思ったことが二度あった。

最初は、一九八二年（昭和五七年）に卒業させた中学生たちだった。一年担任から飛び込みで三年担任になったときのことである。学級での会議が成立しなくなっていた。修学旅行の部屋割り、座席決めは議長がそれぞれのグループに根回しに走り回るのである。全ては裏（闇）で決まるようになっていた。学校の正義が崩れたのである。

今から思えば、学級が抱え込んでいる様々な人間関係の矛盾を明るみに出さず、「学級共同体」を維持していく子どもたちの懸命な努力、知恵だった。それが私には見えていない。女の子たちとはずいぶん真剣に話し合った。でも、納得させることはできなかった。

二度目は、一九九八年頃（平成一〇年）である。夜中、学校に侵入し職員室の机から小銭を度々盗んで飲み食いして遊んでいた中学生たちがいた。しかし、何日話し合っても事実が定まらない。それぞれが、その時々に都合のいい物語をつくる。彼らのことばはその場、その時を逃れるための方便なのだと私は気づいた。教師がすんなり受け入れてくれることが、彼らの「事実」である。昨日と今日に、あるいは友だちとの間に矛盾が生じても彼らは困らなかった。最後は、教師がストーリーをつくってくれるからである。「この子たちにとって、ことばは何なんだ。私は何を教えてきたのだろう。」と、国語教師として私は強い衝撃を受け、深い挫折感を味わった。今日も、「子どもの主体は空洞化している。いや、自閉しているのだ。」と論議されるが、私は、あの子たちのことばのことをいつも思い出す。

成田信子は、「キャラ」を演じて生きる現代の子どもたちの主体のありようをこう述べている。

> 小学校の教室でも、人からどう見られるかを気にするあまり、思っていることを素直に出せない子どもはいる。しかし、卒業生の言葉はさらに、「見られる」と「見る」を逆転させ、「見られる」自分のみ肥大化させている。集団に合わせて自分の思いを決め、ふるまうということになる。相対的でありながら「どのように見られているか」を判断しているのは自分である。自分と人が癒着しつつ、しかもかなり遠い。子どもたちあるいはわたしたちの内面に進行しているこういう事態を前にして「学習者重視」とか「主体的学び手を育てる」などというフレーズはなんの効力ももたない。
>
> （成田信子「新しい文学教育の地平――実践への「水路」」『日文協国語教育』三四号、二〇〇四・五）

成田の厳しい指摘である。「キャラ」でかろうじて、あるいは嬉々としておしゃべりする子どもたちの姿が目に浮かぶ。確かに、これは子どもだけでなく私たち大人の内面にも同じことがおこっている。

一方、千田洋幸は「学校のことば」に厳しい批判を繰りかえしている。

　生徒が授業で〈文学〉教材を学んでいる時、それは〈文学〉を、あるいは〈文学〉の読み方を学んでいるのではありません。彼らは、学校という場では〈文学〉はこう読まなければならないのだ、という規範を学んでいるわけです。それが良いとか悪いとか言いたいわけではありません。教材を学ぶ、学ばせるということは「規律・訓練」的な権力の行使のもとでしかそもそも成立しないわけですから、それでいいのです。

（「学ぶことと読むことの間」千田洋幸『日本文学』二〇〇六・三）

　学校のことばは「制度」のことばであることに教師が無自覚であっていいはずはもちろんない。私が、子どもがわからなくなったのは教師の制度のことばが子どもに破られていったからである。

ただ、学校で「学ばせる」ということは「規律・訓練」の権力の行使」というだけではない。それもすべて、子どもたちと教師の日々の暮らしが綿々と続くというなかの出来事なのである。教師が「「規律・訓練」の権力を行使し」、「あるべき〈文学〉の読みの規範」を押しつけたとしても、子どもはそれ以外のものも読んでしまうのだ。泣いたり笑ったり、ケンカしたり、遊んだり、食べたり、学校は日々の暮らしで逞しく生き延びてきたのである。私は、「くらし」ということばを一〇年以上も前に改めて橋本博孝の論文から学ばせていただいた。（「子どものくらしと文学教育」『日本文学』一九九五・八）文科省が「学習指導要領」を表から裏ほどにひっくり返しても、学校現場は淡々としぶとくくらしていくだろう。そうでなければハンデを持っている子どもや、つらい事情を背負っている子どもはくらしていけない。今がどんなに困難であっても、子どもの未来をつくりだせる可能性は学校にしかないのではないか、とさえ私は考えている。

2　「学習指導要領」改訂が抱える諸問題

「学習指導要領」が改訂されるという。「身につけさせたい能力（態度）」として四つあげられているとのことだ。「言語知識」・「技能」・「言語文化」・「活用と探究」である。

・「言語知識」＝言語活動の基礎となる知識（書写・漢字・日本語常識・語彙等）
・「技能」＝基礎的な言語活動を行う能力（要約・記録・報告・発表・討論等）
・「言語文化」＝読書、表現する言語生活の態度（音読・暗唱・書きかえ・読書等）
・「活用と探究」＝課題解決のため、情報や言語を活用する能力、伝え合う能力

この改訂の背景としてメディアで大きく報道された二つのことを、まずここで述べる。

（1）　PISA型読解の問題（読解力の低下傾向）

PISA調査（「OECD国際学習到達度評価」二〇〇三）での読解の定義はこうである。

読解力とは「自らの目標を達成し、自らの知識と可能性を発達させ、効果的に社会に参加するために、書かれたテキストを理解し、利用し、熟考する能力」である。

【結果分析からの課題】

①「最も基本的な知識と技能が身についていない。」（「レベル1」）の生徒が平均より多い。下位層の生徒の増加による学力差の拡大。

②「書かれた情報がどのような意味を持つか理解したり推論したりする。」解釈の力が低下している。

③自由記述問題全体の無答率（白紙）が二三・八％で平均より八ポイント高い。

④テキストの「熟考・評価」が無答率が三〇％を越える。テキストを読んで考えたことを自分の知識や経験に結びつけて表現する力が不十分な生徒が多い。

（「『読解力低下問題』と今後の国語科授業のあり方〈解釈〉と〈分析〉の統合をめざして」鶴田清司（日文協公開研究会での発表「ＯＥＣＤ国際学習到達度調査の結果から」を参照した、二〇〇六・六・二〇）

今、このＰＩＳＡ調査の結果が国語教育界の金科玉条となっているといっても過言ではない。しかし、この結果を真摯に受け止めるにしても、ＰＩＳＡ調査が国語教育の目的になってはならない。国語学習をＰＩＳＡ調査のテスト勉強にしてはいけない。「自由記述」のテクニックを習得させる訓練が、短絡的に授業でおこなわれることを、私は怖れる。「学習指導要領」改訂では、「課題を解決するための情報や言語を活用する能力」として位置づけようとしているようだ。しかし、意識してかしなくてか、その内実では「熟考」や「探究」がぬけてしまっているようにも思う。国語学習の到達点が「活用」に止まるなら、これまでの言語活動主義の課題が不問にされているのではないだろうか。

(2) 文化審議会答申の問題(「これからの時代に求められる国語力について」二〇〇四・二・三)

国語の果たす役割を母語という観点から文化審議会は答申をしている。人間、日本人として生涯を通じて形成されていく教養・文化価値・感性等を育てることを国語教育に求めている。日本人としての自己同一性を再構築しなくてはならない。この必要を感じている人は多いことであろう。これまで凶悪な青少年犯罪がおこる度に、文科省は道徳教育の徹底を通達してきた。また、「心のノート」を配布、活用をうながした。しかし、いつまで経ってもなくなることはない。日本人の感性、情緒といった共通感覚さえ消滅してしまったからではないか、ということである。確かに、「雨がしとしと降ってます。」こうした擬態語の共通感覚さえ危うくなってきている。このことは大切な問題だと私も考えている。改訂での「言語文化」がこの文化審議会答申を受けていることは明らかである。だから「古典の音読だ。名文の暗唱だ。」となるのだ。藤原正彦、齋藤孝はこれからも一定の支持を受けることであろう。

しかし、感性や情緒を固定的にとらえ学ばせることには賛成できない。文学のことばは、制度化されてしまった情緒をとらえ直し新鮮な感覚を創造する、そこに真価があるからだ。平安時代の宮中の外ではからすが屍に群がっていたかもしれない。しかし、「秋は夕暮れ。からすの寝所へ行くとて、三つ四つ、二つ三つなど飛び急ぐさへあはれなり。」(『枕草子』)と言い切った清少納言の美の発見・創造が文学の感性・情緒力である。文学の〈読み〉は、清少納言の新しい感性・情緒の発見・創造を読み、今の私たちに繋がる感性・情緒に思いを馳せることだろう。ある感性・情緒が、日本人としての普遍、絶対の実体としてまずあり、それを祖国愛に重ねることなどはもちろん絶対あってはならないことだ。

(3)「学習指導要領」改訂は何処へ向かうのか

ＰＩＳＡ調査、文化審議会答申は、国語教育の本質にふれる問題を提起している。しかし、ＰＩＳＡ読解、文化審、言語技術主義、言語活動主義を玉虫色にまとめあげた「学習指導要領」改訂が私には見えてくる。説明文教材では言語技術で論理的思考力を身につけ、一方で、文学教材で音読・朗読、暗唱、書きかえ、演じさせる。古典が持て囃されることだろう。言語事項では漢字の習得が重視され、国語科単元学習で情報活用能力を育成するのである。もし、四つの柱で推進されるのなら現場の国語の授業がこうなることは、私には容易に想像できるのである。

この改訂が、子どもたちのことばにどんな力を保障してくれるのだろうか。「私」の倫理が問われることのない、ことばの消費、ことばのたれ流しにならないようにしたいものである。学校が、無機的なことばの生産工場になってはならない。いや、国語教師は「学習指導要領」改訂がいかになろうと、子どものことばを大切にし、ことばにいのちをかよわせる国語学習を実践していかなければならないと思うのである。

3　「文学の〈読み〉の授業」に追い風は吹いていない

これからは読解指導が重視され、文学教材の授業も見直されることになるだろう。しかし、今、小学校の現場にいる私が知る限り、文学の〈読み〉の授業に追い風など吹いていない。文学教材を読む学習が書き換えや創作の表現活動、言語技能の習得にシフトされ、一方で、〈読み〉を問わない読書や音読、暗唱の学習がもてはやされている。今回の「学習指導要領」改訂の方向はこの現状をますます増幅させていくことが心配される。

しかし、「文学教材を読み深める学習は、どう教えていいのかわからない。」というのが現場教師たちの本音でもある。その根底には、「文学の〈読み〉に正解はない。ならば、どう読んでも読者の勝手でいいのか？」というこれまでの文学の〈読み〉の授業の難問が立ちはだかっている。この難問をのりこえない限り、「学習指導要領」がたとえ改訂されたとしても、文学の〈読み〉の授業は転回できないだろう。ここに日本文学協会国語教育部会が提起する文学教育の極めて本質的な課題がある。

4　これまでの「文学教育」の何が問題か？

(1)「〈読み〉に正解はない」ということの意味

「文学作品の〈読み〉に正解はない。」と誰もが言う。では、正解がないというのはどういうことなのだろうか。それは、戻って照らし合わせるところがないということである。戻れる確かなトコロ（実体）があるなら、正解はあるからだ。それがないから正解はないのである。でも、「白いぼうし」と書いてある文章は、いつでもちゃんとあるではないか。本が、文字が消えてなくなるわけではない。その通りである。まず、「白いぼうし」を読むと、読者に〈本文〉（＝〈文脈〉）ができる。そうすると、再び読むときは、もう「白いぼうし」という元の文章には戻れない。すでに、自分の〈本文〉があるからである。それが読書行為の特徴である。今、私は読書行為で生じる「頭の中の世界」を問題にしている。「白いぼうし」の〈本文〉は読者一人ひとりの中に現象するのである。〈読み〉はそれぞれの読者に現象するもの。どんなに似た〈読み〉が生成されてもである。だから、〈読み〉が表面的に多様であるかどうかは問題ではないのである。

でも、書いてあるものはそこに変わらず存在するが、読んでる人の人生経験やことばの履歴等がそれぞれ多様だから、いろいろな〈読み〉が生まれるのではないか、と考えられるかも知れない。文学作品の構造を一つに固定させるとその枠の中での多様な読みが確かに成立する。そこでは許容の範囲での正解を認められよう。でも、正解の意味の貼り付いた文章など無いからどう読んでも読者の自由になるほかないのである。だから正解はないと考えるべきだ。一度読んだらもう元の文章にかえることはできない。

(2)「どう読んでも勝手」ということの意味

では、「正解はなく、どう読んでも勝手」なら、教室で文学作品を読むということは、どういうことになるのだろう。子どもがそれぞれ読んだことを新聞の形式にまとめたり、叙述をあるモノサシを持ち込んで分析したりする学習を主張する人たちがいる。例えば、言語活動や言語技術を国語学力のモノサシとする考えである。また、そうではなくても子どもの生活実態をモノサシとして教師が読みを分析するような主張もある。「非行傾向の子だから、ああいう読みをするのだ。」、あるいは、「帰国子女だからこうした読みをするのだ。」と、読みを分析する。子どもに現象したテクストを、メディアやジェンダーで分析しようとするカルチュアルスタディーズの学校教育版と言っていい。これも全く意味がないとは言えないのだが、母親がいない子は、みんなそうした傾向で読むのかは疑問である（私も中学時代は反抗的な生徒だったが、先生が私のことをそんな見方をしていると分かったら怒りが湧いてきたに違いない）。ある生育上の事実を実体として子どもを見てしまうことへの疑問である。生身の作家同様、生身の読者もまた戻れる確かなものではない。正解はない存在である。

「正解はなく、どう読んでも読者の勝手なのだ。」と、私もそう考えている。「書いてあるもの」にも正解はなく、子どもである読者の伝記にも正解はない。あるのは自分に現象した〈本文〉（＝〈文脈〉）だけである。確かなものはこれだけだ。この読むことの頼りなさ、拠り所のなさは誰もが体験することではないだろうか。あるのは自分に現象した〈本文〉だけである。そう考えるほかないのだ。

（３）それでも、国語教室で文学作品を読む意味はある

これまでの文学教育は作品の「主題・思想」でつまずいた。作品は実体としてあると考えていたから、「作者は何が言いたかったのですか？」が、学習のまとめの定番発問だった。しかし、それは、実は作者の言いたかったことではなく、先生の言いたかったことだと誰もが気付いた。先生の解釈だけが〈読み〉ではないのだと、みんながわかったのである。すると、こういう考えもでてきた。先ほどの「許せる範囲があるのだ。」という考えである。私もそう考えていた。しかし、それも正解があるという考えの範囲なのだ。このことが、田中実が「エセ読みのアナーキー」と言って批判した大きな問題である。

ここにもう二度と戻らないのだ、と私は考えている。

私は、〈読み〉がアナーキーであることを認めている。あるのは一人一人に現象した〈本文〉である。これを認めた上で、読書行為を深めていく方法はないのだろうか。

確かに、話し合いで、友だちが自分の〈読み〉を語ってくれることは刺激になる。しかし、それだけではない。一人で読み直しても新しい発見がある。多くの人が経験していることだ。文学作品が人間存在の深い「問い」を、問いかけてくることは私も経験している。何故なのだろうか。

私だけに現象した〈本文〉というカオスに浮ぶ空中楼閣は何によってつくりかえられ、何処へ向かうのか。〈読み〉のアナーキーに止まらない「〈読み〉の方法」を創り出すことはできないのだろうか。これが私の次の大きな難問である。

5　これまでの文学教育の何を、どう転回するのか？

（1）「語り」を読むことの意味

①西郷竹彦の〈話者〉

三人称客観の〈話者〉が〈松井さん〉の視角から語っている。これが、西郷文芸学がとらえた「白いぼうし」の〈話者〉である。地の文を語っているのが〈話者〉だ。「これは、レモンのにおいですか？」は〈お客のしんし〉のことばの引用である。引用だから「　」が付いている。作中に登場する実体としての〈話者〉と言っていいだろう。だから、西郷の視点論では〈話者〉と主人公〈松井さん〉との物理的、心理的距離が問題になる。この〈話者〉は、作中に確かなものとして、つまり、実体として存在しているのである。作中に存在する〈話者〉のまなざしだけが問題だったのだ。物語の内部の〈語り手〉である。その後、西郷は「教育的認識論」のモノサシを文学の〈読み〉に持ち込み、「認識の方法」（比較・類推等）で作品構造を関係づけ、多角的な「認識の内容」を引き出してみせた。西郷文芸学では作品構造は教師の手の内にある。

②田中実の〈語り手〉

しかし、田中実は〈語り手〉に語られた世界が作品なのだとした。「白いぼうし」の叙述はすべて〈語り手〉によって語られて現象する世界である。だから、「これは、レモンのにおいですか？」も〈お客のしんし〉の発話を〈語り手〉が語り直したことばだということになる。もちろん、その〈語り手〉を現象させているのは〈読み手〉である。つまり、作品は〈読み手〉に生まれた〈本文〉として現象する。ここが西郷と決定的に違っている。

では、〈語り手〉はどうしたら〈読み手〉に現象するのだろうか。読書行為が〈語り手〉を現象させる。私は子どもたちにこう言う。「あなたたちが読むと聞こえてくる声があるでしょう。それが物語の〈語り手〉です。」と。だから、〈語り手〉は聴き手（読者）それぞれに生まれる現象である。つまり、〈読み〉は元々アナーキーなのである。

田中の近代小説の定義は「物語＋語り手の自己表出」である。聴えてくる声の〈語り手〉が語った物語を素材とし、その超越に立つ〈語り手〉との格闘を〈読み〉のベクトルとする。田中の「語り論」の優れたところはこの作中の〈語り手〉を超越した位相に「機能としての〈語り手〉」を位置づけたことだ。物語に仕組まれた〈読み手〉の価値を壊す仕掛けを手がかりに己の〈本文〉を問い直す。「機能としての〈語り手〉」の葛藤の〈読み〉である。これは西郷の「視点論」にはない位相の世界である。

(2)「読みの根拠」ということ——田中実の第三項〈原文〉の問題

客体の文章そのものは決して捉えられない。だが、この捉えられない対象を内包して初めて「読むこと」が作動する。つまり、読み手が捉える対象には常に読み手の主体に捉えられない客体そのもの、了解不能の《他者》が働いている。これをもし〈神〉と呼びたいなら呼んでもよいだろう。筆者は第三項、〈原文〉と呼んでいて、その影が〈本文〉＝〈わたしのなかの他者・文脈〉に働いていると考えている。従って決してこれは「真」には至らない。捉えた対象は客体そのものではないだが、客体そのもの、了解不能の《他者》の力が読み手に何らかのかたちで〈実体性〉として働いており、これがバルトの拒否したはずの文学

の「生命」である。（田中実「断想Ⅲ　パラダイム転換後の文学研究・文学教育の地平を拓く」『日本文学』二〇〇六・八）

読みの根拠は何処にあるのか、という問題である。田中は、「私たち読者には捉えられない客体、「了解不能の《他者》」（神と呼んでもいい）（＝第三項〈原文〉の影）が、私の捉えた〈文脈〉（＝本文）に〈実体性〉として働いている。」と主張する。「第三項〈原文〉」（実体性）を仮設することで、〈読み手〉に現象した空中楼閣が、相対化できるからである。私はこのことを原理論として理解できる。田中の「〈読み〉の原理」は、この「了解不能の《他者》」の影の働きと「機能としての〈語り手〉」を呼応させて仮設しているところに特徴があり、これによって〈読み〉の原理的仕組みが明確になったと言える。

私は、作品の「問い」と〈黒衣の語り手〉の関係でこの問題をこれまで考えてきた。しかし、田中の考えが授業実践のレベルではどう実現されるのか、まだ、私には「第三項〈原文〉の影」が明確なものになっていない。実践の立場から、私はこのことをさらに突き詰めていきたいと考えている。

（3）〈読み〉の共同性と倫理性の問題

私が冒頭にあげた、会議ができなくなった子どもたちは、解決しようのない人間関係の問題を一旦保留し、修学旅行での学級共同体を維持しようとした。問題を棚上げしても修学旅行は「楽しく」過ごしたかったのだろう。今となってはそれを十分理解できなかった自分の未熟さを悔いる。しかし、子どもたちは本質的な問題に向き合うことなく先送りしたのである。物語のなかにはこうした共同性でとじられたお話はたくさんある。「かさこじぞう」（いわさききょうこ）もそうだ。

むかしむかし、あるところに、じさまとばさまがありましたと。たいそうびんぼうで、その日その日をやっとくらしておりました。

冒頭文で語られた二人の貧乏はこの物語で解決することはない。

のき下には、米のもち、あわのもちのたわらが、おいてありました。そのほかにも、みそだる、ごんぼやだいこんのかます、おかざりのまつなどがありました。

じさまとばさまは、よいお正月をむかえることができましたと。

この結末に私は心動かされる。こんなじいさまとばあさまにはよいお正月を向かえてほしいと願うからである。動くはずのない六じぞうさまが動いたのである。この結末は読む者をとても温かな気持ちにさせてくれる。しかし、この物語では人間存在の「問い」が突きつけられることはなく、そこに立ちすくむ読者はいない。心の清らかな人は神様、仏様に守られているという〈語り手〉の思想で物語が包み込まれ、〈読み手〉の〈じさま〉と〈ばさま〉に幸せなお正月を迎えさせてあげたいという願いが叶う心温まる物語で閉じられるのである。

しかし、「故郷」（魯迅）では、清朝末期の社会の崩壊の中で、かっての小地主の子の〈私〉も、小英雄の〈閏土〉も、豆腐屋小町の〈楊おばさん〉も、今はそれぞれがそれぞれのギリギリの生活をなり振り構わず懸命に生きる修羅の世界が語られている。結びの語りはこうである。

まどろみかけた私の目に、海辺の広い緑の砂地が浮かんでくる。その上の紺碧の空には、金色の丸い月が懸かっている。思うに希望とは、もともとあるものともいえぬし、ないものともいえない。それは地上の道のようなものである。もともと地上には道はない。歩く人が多くなれば、それが道になるのだ。

ここは救いのない世界である。しかし、〈私〉は光の見えない、この闇を歩こうというのだ。この救いのない絶望の世界を受け入れ、前に踏みだそうと語り終えた。「希望とは、もともとあるものともいえぬし、ないものともいえない。」ということばと、読者が向き合った時、「故郷」の人間存在の「問い」が現象する。この次、〈閏土〉や〈楊おばさん〉と〈私〉が共に生きられる場所は、もう一つの全く別の場所でなくてはならないだろう。

私は、読者の主体は〈読み〉で立ち上がってくるものであると考える。主体は空洞化しているとも言い切れない。また、主体は閉じこめられて自閉しているとも言い切れない。子どもの主体が正解を読み当てるのではなく、〈読み〉が子どもの主体を引き出していくのだと考えた方がいいのではないだろうか。読書行為によって文学作品の「問い」を我がものとしたとき、主体は否応なく浮上してくるだろう。「私」の倫理が問われるのが文学の〈読み〉である。「この世界は、あなたにとって何だ。」と問われている。それが、これまでの「主題・思想」探しではない、新しい文学の〈読み〉の向かうところではないだろうか。

（4）一実践者として、今、私が考えている「〈読み〉の指標」

①読むことは愉しい（〈読み〉のアクチュアリティー）

授業では「物語」に没頭、転生できない子どもたちも多くなってきている。生き生きとした物語世界が子どもに現象しない。〈文脈〉にいのちが通わない。授業で〈文脈〉を成立させることは、あなどれない課題になっていると、私は実感する。初読の〈読み〉を丁寧にした方がいい。ストーリーの〈読み〉もおぼつかなく、子どもたちの〈文脈〉があまりに不安定な状態で、話し合いになっても互いの〈文脈〉を刺激し合うことはできない。ストーリーの〈読み〉が成立するには繰り返しの音読が有効だと考える。形式的な音読ではなく、むしろ、語り聞かせるような音読だ。私は、五回は読んでから書いたり話し合ったりしようと、子どもたちに提案する。

②内部の語り手・語られた人物・外部（黒衣）の語り手

「空中楼閣」（〈本文〉）を掘り起こす指標（目印）を、私は提案してきた。それが、「それぞれの人物に見えているもの、物語内部の語り手に見えているもの、その外部の位相に立つ〈黒衣の語り手〉に見えてくるもの」である。授業では〈黒衣の語り手〉に見えてくるのは、物語の外部の位相から見えてくる「問い」だと言っている。指標は大海に浮かぶブイのようなイメージである。この指標を「関係相関図」として授業の〈読み〉に持ち込むことによって、語られた物語世界が鮮明に現象し、作品の「問い」が構造としてとらえられるのではないかと考えたからである。〈松井さん〉の見えている世界と、〈男の子〉の見えている世界は違う。また、謎の〈女の子〉に見えている世界も違っている。その人物たち全てを語っている〈語り手〉に見えている世界がある。その関係様相の葛藤に「問い」が生まれてくるのである。そして、この世界にはどんな問題があるのだろう、私たちにとってどんな意味があるのだろう、と読者は考えるのだ。

③「白いぼうし」の〈黒衣の語り手〉の「問い」

語られた〈人物〉の関係様相、そして〈語り手〉がそのことをどう語っているかの葛藤を読んでいくと、読者にひっかかることばやことばの関係が見えてくる。読者はそこに因果の脈絡をつけていく。因果で〈文脈〉を紡ぐのだ。その謎解きのような〈読み〉が物語内部の読みである。私は〈本文〉にひっかかることを問い続けていくのが再読だと考えてきた。

ところが、〈文脈〉を突き詰めていったとき、自分にできあがった〈本文〉に人間存在の根源を問うような「問い」が現象する作品がある。このような〈文脈〉が繋がらない「問い」（闇）を語る〈語り手〉は物語内部の〈語り手〉のレベルを超えている。因果の関係では意味づけられない闇がある。この因果を超えた深層の位相で語る発話主体を、私は〈黒衣の語り手〉と名付けてきた。田中は「機能としての〈語り手〉」と言っている。私は、授業では小中学生には「読者に見えてくるもの」としている。子どもたちが無用な用語で混乱しないためである。

「白いぼうし」では、私にこんな「問い（闇）」が生まれた。


そこは、小さな団地のまえの小さな野原でした。

白いチョウが、二十も三十も、いえ、もっとたくさんとんでいました。クローバーが青あおとひろがりわた毛ときいろの花のまざったタンポポが、てんてんのもようになってさいています。その上を、おどるようにとんでいるチョウをぼんやりと見ているうち、松井さんには、こんな声が聞こえてきました。

「よかったね。」

「よかったよ。」

「よかったね。」

「よかったよ。」

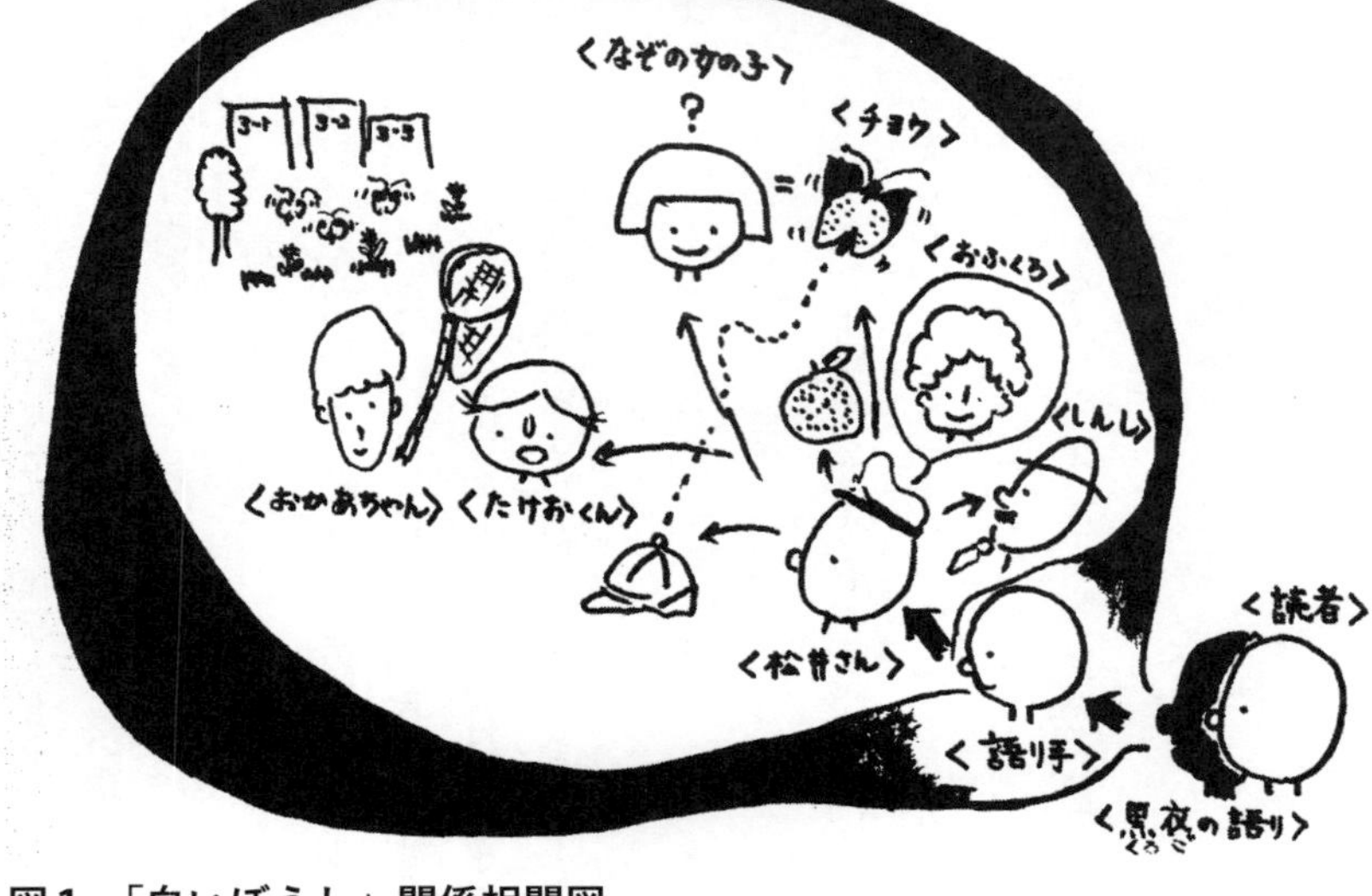

図1　「白いぼうし」関係相関図

> それは、シャボン玉のはじけるような、小さな小さな声でした。
> 　車のなかには、まだかすかに、夏みかんのにおいがのこっています。

〈松井さん〉にははっきり声が聞こえたのだ。聞こえたような気がしたのではない。しかし、それが誰の声か〈松井さん〉にはわからないのである。作中の〈語り手〉もその声の主は誰であるかを明確にしていない。聞こえるはずのない声が松井さんには聞こえたのだ。そして、〈語り手〉は「車のなかには、まだかすかに、夏みかんのにおいがのこっています。」と語りを終えた。「シャボン玉のはじけるような小さな小さな声」、そして「かすかな夏みかんのにおい」、は何なのだろう。物語に仕掛けられた「問い」であるように読める。こう語ることにどのような意味が隠れているのだろう。私にそんな「問い」が生まれる。

　しかし、それはこの世界のずうっとずうっと遥かな時空を遡った方からの声や匂いのような気が私にはするのだ。読者である私に、〈黒衣の語り〉が次第に立ちあがってくる。もう私たちには見えなくなり聞こえなくなっている、ずうっと昔の昔その昔から此処で暮らしを紡いできたいのちの声であり、〈松井さん〉のふるさとの〈母〉にもつながる声だったのではないかと思うのだ。母の愛、「夏みかんのにおい」が現象させた物語である。

そして、〈白いぼうし〉は、〈松井さん〉、〈男の子〉、〈お母さん〉、〈白いチョウ〉、〈みかん〉、これらがみんな関わったのに誰にも出会えなかった物語の象徴ではないかと、ある時気づかされた。「みんな繋がっているのに、出会えない世界」が「白いぼうし」の世界ではないだろうか。そして、「夏みかんのにおい」や〈松井さん〉に聞こえた「小さな小さな声」はこの世界への福音なのかも知れない。でも、人物たちも登場する〈語り手〉も誰もそれに気づくことはない。そうこの世界は語られている。これが正解の〈読み〉だというのではない。私に現象した「白いぼうし」の世界である。物語の内部の語りを超えた問い（闇）である。

二 「私」を問うこと、それは思い入れの〈読み〉から始まる
――「おにたのぼうし」（あまんきみこ）を例に

1 田中実「〈読み〉の原理」が授業に生きるために

これまで私は、田中実の近代小説の「〈読み〉の原理」に衝撃を受け、迷走する我が思考をそのまま氏にぶつけてきた。さぞ迷惑なことだろうと思う。私が田中理論を評価する第一の点は、小説の〈読み〉の構造に「機能としての〈語り手〉」の位相を明確に位置づけたことである。また、「文学のいのち」を問題にしていることである。このことで、私には見えてきたものがある。つまり、人物と人物の関係とは、実は〈語り手〉に語られた人物と人物の関係のことであり、小説の〈読み〉は「主人公」を読むことに収斂されるのではなく、「語り」を読むことにあるのだということである。

その「語り」を読むとは、「語られた物語」の外部に、「第三項了解不能の《他者》」を仮設して「機能としての〈語り手〉」の自己表出の葛藤を読むことである。つまり「〈読み〉のメカニズム」を「語り／語られる」関係でとらえることであった。

しかし、この「〈読み〉の原理」に共鳴する国語教師の作品論が田中の作品解釈を踏襲するものが多いことが、私には気になった。解釈が一つであるならば、田中理論も授業実践のレベルではこれまでの作品論に納まってしまうのではないのかと、思わざるを得なかった。田中の「〈読み〉の原理」は誰もが解釈を一つのものとして取り出す装置なのか？　そう田中は言っていないのではないかという問題である。なぜ、そうなるのか？私は、文学作品の〈読み〉は読者の思い入れ、思い込みから逃れられないと考えている。ここでは、田中の「〈読み〉の原理論」（以後「語り論」）を実践レベルの「〈読み〉の授業のメカニズム」として、問題化してみたい。

田中実の「語り論」の〈語り手〉は、西郷竹彦の「視点論」の〈話者〉を超えた世界の広がりを見せてくれる。西郷は〈話者〉は視点人物の側から語ることを〈読み〉に位置づけた。ある人物の視点（一人称）から、あるいはある視角（三人称）から文芸作品は語られると指摘したのである。従って、作中には、見る側と見られる側が生まれ、見る側の思いは語られても、見られる側（対象人物）の心中を読むことには決め手がないとした。納得のいく説明である。日常でも、自分の気持ちは語ることができるが、話し相手の心情はその言動、しぐさなど外見によって推測するしかないからである。西郷の「視点論」は人間理解の方法でもある。西郷にとって分析の対象は物語内部であった。つまり、物語は虚構（意味づけられた世界）の事実として誰もが正しく分析できるべきものであった。物語内に実体構造があると考えているからである。しかし、そこからどのような意味、価値を受けとるかは読者の批評である。西郷の解釈は読者主体と客体（実体）の相関に生まれる。

しかし、田中は、〈読み〉が読者それぞれに現象し、それは虚偽、空中楼閣の世界であるとした。読者それぞれに現象する〈本文〉は、そのように読者が現象させているのだと考えたのである。〈読み〉を分析する対象を読者が現象させた〈本文〉（＝〈文脈〉）に置いたのである。〈本文〉はどんな正解もその外部に持ち得ず、カオスに漂う浮遊物となったのである。

このことを魯迅の「故郷」を例に考えてみよう。

西郷「視点論」では、話者〈私〉が語る視点人物〈私〉の気持ちは語られているが、〈閏土〉の思いは語られない。〈閏土〉をとらえるためには、〈私〉がとらえた〈閏土〉の様子やことばが手がかりである。つまり、話者〈私〉によって語られた登場人物〈私〉という視点人物への同化と読者の異化（客観化）の相関を読むのである。これを西郷は共体験という。視点人物〈私〉が〈楊〉おばさんを嫌なヤツだと思ったなら、読者もそう思う同化と同時に、本当にそうかと異化しながら読みは進められる。この読書行為（共体験）が西郷文芸理論である。

一方、田中「語り論」は、語り語られた物語の相関関係の葛藤に着目する。つまり、人物としての〈私〉に一体化した物語内部の語り手〈私〉と、その〈私〉の語りを包括し、その外部から語る機能としての語り手〈私〉とを分離させている。物語を外部から語る語り手から読むとき、物語内の主人公〈私〉のみならず対象人物〈閏土〉や〈楊おばさん〉も読むことが可能となるのである。読者にそう読みたくなる必然がその「語り」にある。この物語と物語を超越した位相の黒衣の語り手（＝機能としての〈語り手〉）との葛藤を、「見えない《ホントウ》」から照らし返す仕掛けが小説には仕組まれている。「故郷」では、末尾で希望も絶望もカオスの渦に消滅した精神が闇に踏み出してゆく。その〈私〉の一歩目が語られているように私には読める。ことばの向こうを求めて歩み始めた小説である。

2　文学の〈読み〉とは何であったか（己を読む）

（1）私は、〈おにた〉の裏切りに戦慄する

私の高校時代は暗澹たるものであった。以来、私にとって文学作品を読むことは作中に自分を発見することであった。それは同時に、私という始末の悪い「他者」を己に突きつけることでもあった。私は自分が救われたいがために貪り読んだ。私が文学作品を読むのは只々自分だけが問題だったのである。「教養としての文学」の読みなどに興味はなかった。だから、自分に無縁な作品は読み捨てた。私という御しがたい「他者」の救済が私を読書に向かわせたといっていい。

私が「おにたのぼうし」の〈読み〉でこだわるのは、〈おにた〉のことである。「ごんぎつね」の〈ごん〉は〈おにた〉のように人間になりたかったきつねではない。彼はどこまでも異類である小ぎつねの〈ごん〉だった。〈兵十〉に撃たれた時も、きつねの〈ごん〉として殺された。「ごんぎつね」で問われているのは人間の側の物語である。

これは、わたしが小さい時に、村の茂平というおじいさんから聞いたお話です。
昔は、わたしたちの村の近くの、中山という所に、小さなお城があって、中山様というおとの様がおられたそうです。

「ごんぎつね」の書き出しである。この話が代々村に伝えられてきたということは、語り継ぐ価値があった

ということだ。畑を荒らす害獣を当たり前のこととして撃ち殺してきた村人が、殺した異類の〈ごん〉に〈他者〉を見たのである。〈兵十〉に、「なぜ、土間にくりがかためて置かれていたか」という不可解があった。ここに、自分のせいで母を失った不幸な〈兵十〉に愛情を一心にそそぐ〈きつね〉の物語が生まれ、村共同体に語り継がれた。この後、村人は「ごん稲荷」の社を建てたのだろうか。つまり、「ごんぎつね」はこの村共同体が守護されている証しの物語である。

しかし、「おにたのぼうし」の結末では、〈おにた〉は自ら鬼を追い払う黒い豆になった。〈おにた〉は人間に鬼である自分を売り渡したのだ。黒い豆で鬼の自分を追放したのである。では、〈おにた〉は鬼でなくなることができたのか。できようはずはない。〈おにた〉はやはり鬼である。「鬼でありながら鬼を裏切った」とも言えよう。その〈おにた〉に、もはや帰る場所はない。何処にも〈おにた〉の居場所はないのである。彼は世界から消滅したのである。屍を生きる非在の《他者》、〈おにた〉となった。このことは私を戦慄させる。

私は〈おにた〉に自分を重ねる。私は〈おにた〉と同様に〈女の子〉の前で、古いむぎわらぼうしを取ることもできないだろう。また、〈おにた〉のように黒い豆となることもできない。現に、私はそう生きている。擬態を生きている。

(2)〈おにた〉はどこへいったのか?

作者あまんきみこは絵本『おにたのぼうし』の「おわりに」でこう書いている。

子どものころ、わたしは豆をまきながら、追い出されるオニのことを思いました。家のまどのすきまからにげだしていくオニどものイメージは、どこかこっけいで、そして、いささか哀れでした。にげだして、とりつくものを見失ったオニは、寒い冬の海岸で、おいおい泣きながら、オニオコゼになると信じていました。（『おにたのぼうし』ぶん・あまんきみこ、え・いわさきちひろ、ポプラ社、一九七〇・五・二〇）

〈おにた〉はオニオコゼになったのだろうか。古いむぎわらぼうしを取れなかった〈おにた〉は北国の冬の寒い海岸で、泣くこともないオニオコゼになったのだろうか。

ぱら　ぱら　ぱら　ぱら
ぱら　ぱら　ぱら　ぱら
とてもしずかな豆まきでした。

物語内部の語り手は「とてもしずかな豆まきでした。」と語る。〈おにた〉の献身への慰め、同情だろうか。救われない〈おにた〉への鎮魂だろうか。私には「とてもしずかな豆まきでした。」と結ぶことができない。私は〈おにた〉の尊厳を護るために、けして同情はするまいと思う。読者の私にあるのは、〈おにた〉という存在に対する沈黙と瞋りである。

（3）　読者が語りにいのちを与える

私は身勝手な〈読み〉をしているのかもしれない。だが、「お前の〈読み〉は独りよがりな思い入れに過ぎない。」と断言されても、私はそれでいいのだ。なぜなら、語りにいのちを与えるのは私という読み手である。作品に実体としての語りが存在するのではない。「私の語り」が存在するだけである。だから、文学作品の〈読み〉は読者の主観にあり、偏見であり、読者の思い入れの〈読み〉なのである。私にとって、〈読み〉が「あれもいい、これもいい。」などということはなんの意味もない。

田中はこの結末をこう読む。

ぼうしをとること、それを幼くとも女の子に示すことが必須だった。もちろんそうしたとしても、女の子は必ずしもその「おにた」の気持ちを受け入れてくれたりはしない。彼女にとって今大切なことはお母さんの病気、お母さんの体のことだから、だが、その女の子も、もし「おにた」が勇気をもって自分自身を現すことができたなら、「おにた」という人物を認め、理解しただろう。少なくともその可能性はあったはずである。黒豆と化した「おにた」の結末は、「おにた」自身が発した愛の報いを残酷なかたちで受けていたのである。（『文学の力×教材の力』小学校編三年　田中実・須貝千里編「メタプロットを探る『読み方・読まれ方』『おにたのぼうし』を『ぎんぎつね』と対照しながら」田中実　教育出版　二〇〇一・三・一六）

私は、田中の〈読み〉の筋道に納得できる。ただ、古い麦わらぼうしを〈おにた〉が取っても人間〈女の子〉に受け入れられることはあるまい。いや、田中の言うとおりなのだ。〈おにた〉は人間になりたかった黒鬼、〈女の子〉に思いを寄せてしまった鬼の〈おにた〉として麦わらぼうしを取り、人間に己を晒すべきだったのだ。だが、〈おにた〉のように愛の報いを残酷な形で受け入れたままオニオコゼを生きる人生もあろう。古い麦わらぼうしを被ったまま誰にも気づかれず消えていくいのちもあったろう。

〈おにた〉に、人間の世界でもない、鬼の世界でもない「〈おにた〉の世界」をもたらすことはできないのだろうか。〈おにた〉はついに人間になれなかった。今、ここに古い麦わらぼうしを捨てた鬼でも人間でもない

〈おにた〉がいる。「〈おにた〉は何処へ行けばいいのか?・」、私に迫ってくる「おにたのぼうし」の「問い」である。人間と鬼との二項対立を超えたところに〈おにた〉の「問い」(闇)がある。私には未だ「見えない《ホントウ》」があるのだろう。私は私の〈読み〉に固執するほかない。自分の〈読み〉をことばで問い直す以外に、自分を超える道はない。

3　教室で文学作品を読むことの根拠

教室で文学作品を読むということは、教師の指導で友だちと一緒に同じ作品を同じ場で読むということである。小学校三年生が「おにたのぼうし」を読む(いや、読まされるというのが正しいとも言える)。そこでは、どれだけの子どもたちが「おにたのぼうし」で自分に出会えるだろうか、作品の力が試されている。また、学級の子どもたちと「おにたのぼうし」を読む教材価値論が授業者に問われる。

〈まこと君〉の家族の幸せへの祈りが〈おにた〉の不幸の呪いとなった。幸せは不幸と同義にあるのかもしれない。

ある子どもは非在の〈おにた〉とは何かに、ある子どもは〈女の子〉や〈まこと君〉の無意の排除のことばに、「見えない《ホントウ》」を求め語り始めることだろう。それが教師の眼からは擬制の発見であってもいい(実はそんなことは絶対ない)。教室で己を言表し、宣言するということだ。ことばで己を刻印し、「私」を教室に晒すのだ。その「私」を受けとめ、さらに問う場を教師は子どもの〈読み〉で組織し、仕組まなければならない。文学作品の〈読み〉は教室全体で一つの価値にまとめることではない。自分に出会い、その自分を更に問い直す無限遠点へ向かう〈読み〉にこそ価値がある。

4　子どもの〈読み〉を授業でどう方向づけるか

私の授業は、自分の作品論を基底に、子どもの〈読み〉を組織し、仕組むことで成り立っている。「おにたのぼうし」を例に、〈読み〉の学習過程を私がどう方向づけていくかについて述べておきたい。また、学習活動の試案も併せて提案したい。

(1)〈読み〉の学習過程

①語られたプロットからストーリーを読む（はじめの感想まで）

〈読み〉の始まりは、語りの仕掛けにのせられて作品世界に子どもが生きることである。大事なことはこの読みを軽視しないことだ。教室では少なからず作品世界に没頭できない子どもたちがいる。読み聞かせではイメージが生成しても、文字の羅列を前にして自力でなかなか物語が現象しないのである。語彙が不足していることももちろんある。しかし、文字からイメージや意味を汲みとる力が鍛えられていないことが少なくないと経験的に私は考える。聴くことと読むことではたらきに違いがある。聴くことの直接性に対して、読むことは視覚を通して語り手を現象させ、その語りを聴くという二重の構造で成立するからである。〈読み〉の成立は侮れない課題である。

そこで、ストーリーをとらえるまでを充分時間をかけて指導したい。何度も読むことである。私の経験では、少なくとも五年ほどの経験を積んだ教師ならば、音読を注意深く聴くことで、その子どもの読みの成立を概ね把握できる。はじめの感想（印象点・強く心に残ったこと・その理由等）を書くのは、子どもたちの〈読み〉がイメージを伴って生成しているかどうかを見極めてからにすべきである。
授業でのストーリー指導は、「そして？　それから？」と問うことである。

②プロットの因果を読む（人物・もの・コトの相関を読む）

語り手がストーリーをなぜそう語らねばならなかったか、プロット（語られた筋）に〈文脈〉の因果を読むのが次のステージである。読者が物語・小説を読むとき、まず私たちは主要人物を中心に読んでいる。それが文学を読む愉しさの始まりである。ストーリーの〈読み〉である。しかし、再読では、語られた「人物・もの・コトの相関関係」に因果の筋を紡ぎ、意味の〈文脈〉をつくる。この〈読み〉は、謎解きのような面白さがある。意味発見の〈読み〉である。

授業では、「なぜ？　どうしてだろう？」と問うことで〈文脈〉は生成する。「おにたのぼうし」を例に私がとらえたプロットの因果の例を明らかにしてみたい。

茶の間も、客間も、子ども部屋も、台所も、げんかんも、手あらいも、ていねいにまきました。そこで、まこと君は、
「そうだ、物おき小屋にも、まかなくちゃ。」
と言いました。

〈まこと君〉の家庭が伺い知れる豆まきの様子である。それに比べて、〈女の子〉の境遇は対照的である。

小さな橋をわたった所に、トタン屋根の家を見つけました。……部屋のまん中に、うすいふとんがしいてあります。ねているのは、女の子のお母さんでした。

ごく平凡な言い方をすれば、〈まこと君〉は家庭の幸せの中にあり、〈女の子〉は母の病という不幸を背負って、貧困を生きている。節分の豆まきに寄せる思いも、〈まこと君〉にとっては災いを家に入れないためであり、〈女の子〉にとっては〈お母さん〉にとり憑いた病魔を追い払うことである。二人にとって「鬼」とは、そういう存在である。このように〈まこと君〉に見えているものと、〈女の子〉に見えている世界は違っている。〈まこと君〉は〈おにた〉の存在を知らない。〈女の子〉も古い麦わらぼうしをかぶった「人間」〈おにた〉に会っていても、黒い鬼の〈おにた〉のことは知らない。その〈女の子〉は〈おにた〉の求愛の贈り物を神の所行にしてしまうのである。〈おにた〉の愛は、〈女の子〉の「神」という人間のことばにからめとられて、消えていく。

むろん〈おにた〉に見えているものも、二人とはまったく違っている。〈おにた〉は人間になりたい鬼である。「その物おき小屋の天井に去年の春から小さな黒おにの子どもが住んでいました。」ということは、〈おにた〉は去年の豆まきでどこかの家から追い出されてきたのであろう。節分の度にすみかを変えているのかも知れない。もう鬼の世界に戻ることはないのだろう。鬼でありながら鬼社会と縁が切れているのが〈おにた〉である。〈女の子〉に一縷の望みをかけた。自分を受け入れてもらえると錯覚した鬼である。

再読の始まりは、ストーリーの結末を知って、この語られた三人の人物の相関関係を中心に読むことである。それ故、「〈おにた〉がむぎわらぼうしをとっていたら」、「なぜ〈おにた〉は、今度は逃げずに黒い豆になってしまったのか」等は、語られた人物の相関から見えるレベルでの重要な「問い」として考えられよう。

③語り手の葛藤に見えるもの

語り手は「おにたのぼうし」の冒頭の一文字目から最後の文の「。」までを語った人である。つまりは作品の文字のひと連なりのすべてを語った人である。地の文も会話文も語り手が語ったのである。何を語るかは語り手に委ねられている。読者を相手取って語り手は欲望を語る。最初の文章を「節分の夜のことです。」と語り始めなくともよかったのである。しかし、語り手はそれを選んだ。語り内容と語りの順序は語り手の手の内にある。さらに、敬体でなぜ物語ったか。語りの口調なども語り手の人となりを表現している。この作品では語り手と読者が語られた「事実」（＝語り）を共有する。〈まこと君〉にも〈女の子〉にも、〈おにた〉にもそれぞれ見えていない世界がある。

しかし、私の拙い実践で言えば、小学生の授業で語り手を引き出すことはなかなか難しい。その中で、結末の一文「『とてもしずかな豆まきでした。』と言っているのは誰か」を問うことが、語り手の存在に気づく入口となりそうである。〈おにた〉にとっては残酷なこの結末を、語り手はどうして「しずかな豆まき」としたのかは、考えるに値する問いである。

また、再読の時、「おにたは気のいいおにでした。」、あるいは「はずかしがり屋のおにたは見えないように、とても用心していたからです。」という語り手の批評にも読者はそのまま肯けるであろうか。小学生には語り手の概念を最初に教えるのではなく、このような表現に顔を出した語り手をとらえ、存在に気づく体験をまずさせたい。

④「見えない《ホントウ》」を掘り起こす

語り手によって語られた「人物・もの・コト」にいのちを吹き込むのは読者である。再読では、読者の発見によって語りは新たな〈文脈〉となって読者に現象する。このことは、読者に発見をもたらした語りの仕組みが〈本文〉に内在していたと言うことができる。読者がどのような〈文脈〉を生み出したかは、どのような語りが読者に現象したかと同義である。

ついに互いに出会うことのなかった〈おにた〉の願い、〈女の子〉の願い、〈まこと君〉の願いのすべてが見えてしまうのが読者である。この物語のすべての矛盾は読者の中に収斂される。その矛盾が読者に問いかけてくるものがある。それが作品の「問い」（＝《他者》）である。〈まこと君〉の願いを受け入れ、〈女の子〉の願いを受け入れ、〈おにた〉は人間界から鬼である自らを追放した。〈おにた〉は鬼でも人間でもない存在になったのである。これから、〈おにた〉は何処へ行こうというのか？〈おにた〉も〈女の子〉も〈まこと君〉も共に生きられる場所は無いのだろうか？　これが、「おにたのぼうし」という作品が私に突きつける〈問い〉である。

初読での語られた「ストーリー」、そして、再読での「人物・もの・コトの相関に見えるもの」、「語り手の欲望に見えるもの」から「見えない《ホントウ》」を掘り起こす〈読み〉の審級が私の学習指導の海図である。

(2)　私を問う「作品日記」の学習活動試案

①初読のねらい

できればすべての子どもたちにストーリーの〈読み〉にまでは到達させたい（現実はそうはいかないこともあろうが）。そのために、様々なねらいの読みを取り入れ、時間の許す限り音読・黙読の回数を重ねる。読み聞かせも取り入れる。ストーリーの読解は無用なのではない（読解主義が問題なのだ）。音読できること、字義、漢字、発音・発声の指導も大切である。

その上で、第一回目の「作品日記」を書く。子どもに「おにたのぼうし」のストーリーが概ね生成されたと思われるとき書かせるのがよい。そこでは、多くは〈おにた〉への同情が書かれるだろう。あるいは裏返しして、〈まこと君〉や〈女の子〉への非難が書かれるかもしれない。また、〈おにた〉がなぜ素性を明かさないのかについて書く子どももいよう。私は、なかなか書けない子どもには観点を与えている。「思ったこと・考えたこと」、「疑問に思ったこと」、「これから考えてみたいこと」などである。ただ、箇条書きにならないようにしたい。

②作品日記

「作品日記」は「私」を問い続ける日記である。私に現象した〈本文〉を読み直す日記である。前回の続きを考えるという意識を子どもたちに持たせる。「作品日記」を自分の〈読み〉を問い続ける「場」にしたい。私は「作品日記」を主たる学習活動にすえた授業展開を試行している。ただこれは「学習日記」を固定化し学びのマニュアルを提案しようということではない。私の考えている「私」を問う〈読み〉を実現させる一つの学習活動として試していると言うことである。

③人物・語り手の「関係相関図」

再読の始まりは人物を確認することである。この学習はどの子も発表できる。学習はみんなが分かることから始めるのがよい。私は登場人物を個別に描いた絵を一枚ずつ黒板に貼っていく（あるいは、挿し絵をそのままコピーで拡大することもある）。この時、どの位置にどの人物を貼るかは視点構造を基本に、教師の〈ねらい〉と関わる。もちろん子どもに考えさせていい。語り手と人物の関係に孕まれる問題を意識して読ませるためのひとつの工夫である。話し合いの焦点化の手だてである。

④話し合いのねらい

「私」を問う〈読み〉を「作品日記」という学習活動で実現できないかと、私は試行錯誤してきた。そのため、「話し合い」も、自分の「作品日記」（〈本文〉）に「見えない《ホントウ》」（《原文》の影）を掘り起こすための学習活動となる。「話し合い」で学級が一つの結論としての認識に辿り着かなくてもいいのである。これまでの「話し合い」活動が一単位時間内で思想内容を収斂させたのは間違いである。むしろ、「作品日記」を書きたくなるところで話し合いを切ってしまうのがよい。そのタイミングを何処で決断するかに授業者の判断が求められる。自分の〈本文〉である「作品日記」を見直し、書き直すことこそがめざす学習活動だからである。

一単位時間の「話し合い」では、問題提起の発表者は二〜三名程度が適当であろう。自分の「作品日記」に沿って発表する。三回の「作品日記」が書きたまっている時には、その三回分の〈読み〉の過程を発表する。それに対しての質問や自分の考えを述べ合うのが、「話し合い」である。発表者は友だちにその〈読み〉を検討されることになる。そこでは発表者も聴く側も「私」の〈読み〉が問われる。私は三回目の「作品日記」を発表するときには、三回分を模造紙に拡大し、掲示して、〈本文〉を検討させることもある。

⑤「おにたのぼうし」論を書く

この「作品日記」のまとめは「『おにたのぼうし』論」である。「おにたのぼうし」を読み、例えば自分の「おに」ということばの制度を問い直し、その起源に立ち戻って、物語世界を論ずるのである。

最後に、「表紙」や「あとがき」を付ければ、小冊子として残すこともできよう。そこには「私」の思索の軌跡が残されている。

第三章

ことばに《いのち》を読む文学の授業

一　文学作品の「問い」と向き合う子どもたち
――六年生が絵本『しばてん』（たしま せいぞう）を読む

1　国語教室での再読の〈読み〉とは何か――物語が終わった後に、世界の「問い」が見えてくる

（1）何度も読む――読書行為に学習価値がある

子どもが絵本『しばてん』を読む。何度も読む。その〈読み〉に、その子どもの因果の〈文脈〉が生まれる。わたしは、この読書行為の内実に学習価値を、そして、その内実をひらく「〈読み〉の方法」に学力を求めてきた[注1]。

〈文脈〉は人それぞれに生じるという意味で読者固有のものである。唯一人の読者に現象したものである。〈読み〉はその人に生まれた現象でしかあり得ない。いくら読み直してもこれが正しいという〈読み〉を特定できないのだから、絵本『しばてん』という作品の〈読み〉に正解（実体）はないことに帰結してしまう。つまり、読んで生まれた〈本文〉（〈文脈〉）が、その子どもの『しばてん』である。

同じ日本語を読んでいるのに、なぜ意味やイメージを共有できないのだろうか。今、私が絵本『しばてん』

を手にとって文字や絵を読んでいるとする。「たろうは、なかない　あかんぼうだった。」という表記、そして、「タロウワ　ナカナイ　アカンボウダッタ」の音声や音素、そして日本語文法など、言語素材のレベルや絵には返ることができる。その記号を共有できる。しかし、その読み取った意味やイメージに共有を確かめるすべはない[注2]。

また、辞書（『広辞苑』）の字義では、「たろうは長男の称」とある。長男は「最初に生まれた男の子」である。ところが、これを何処まで続けても『しばてん』の〈たろう〉にはたどり着かない。〈文脈〉上の意味やイメージは読者のものだからである。意味やイメージは私のことばの経験の成熟で形成される。つまり、読者には、私の『しばてん』が現象するだけである。意味やイメージの共有を確かめようがない。

では、どう読んでも勝手だと考えられなくもないが、〈文脈〉の因果に読者の倫理を読むことができる。〈読み〉には読者の倫理がはたらく。たとえ教室の読者である幼い子どもであっても〈読み〉には倫理がはたらいている。「あれもいい、これもいい」ではなく、「これが正解」でもない。私は「こう読む、こうとしか読めない」、今の「私」の〈読み〉が生まれるのだ。「私」とは、表明した私である。それはエゴを突き抜けようとする「私」の宣言である。だから、自分の〈読み〉の表明には、いつの時でも孤独感と頼りなさ、戦慄のきな臭さがつきまとう。私の〈文脈〉は極言すれば私の思い込みの空中楼閣だからである。

読書行為の学習価値は、「私」の〈読み〉の一義が追求され、「私」の〈読み〉がつくりかえられることにある。

（2）ひっかかるところを読み直す——作品の「ことばの闇」を掘り起こす

読者は読書行為で現象した自分の〈文脈〉の向こうにまだ見えていない世界があるような気がする。この見えない世界を仮に作品の「ことばの闇[注3]」とする。何度読み直してもこの作品の「ことばの闇」を十全に汲みとった手応えを読者が得られることはない。白日の下に明らかにすることはできない。自分がとらえた作品〈＝本文〉の「ことばの闇」は底なしだからである。それは、ことばの意味は実体ではなく内なる現象、思い込みだからだ。

読者は、自分の〈文脈〉につまずいたり、ひっかかることがあるとき、もう一度自分の〈読み〉を問い直してみる。語り、語られた人物・もの・コトの関係を読み直す。『しばてん』では、〈しばてん〉、〈たろう〉・〈村人〉・〈ちょうじゃさま〉・〈やくにん〉の人物たち、〈ついほう〉や〈ききん〉、〈うちこわし〉という出来事、そして、ものである〈こめ〉等に語りと語られた関係を読み直す。そこに発見があったとき、読者に新たな〈文脈〉が見えてくる。

例えば、語り手は〈ちょうじゃさま〉は自分だけが生き残るために蔵に食糧を貯めていたように語ってはいるが、〈やくにん〉の登場であれは領主に納める年貢だったのではないかと思えてくる。〈ちょうじゃさま〉は我欲だけでなく、村の悲劇を避けようとギリギリの選択をしていたのだとも言える。また、「たろうは、ちょうじゃさまをそらのかなたへなげとばした。」と、語り手は言う。それは〈たろう〉が殺したということなのだろう。しかし、〈やくにん〉は〈ちょうじゃさま〉の殺害を一切咎めていない。〈ちょうじゃさま〉の命に関心はないのである。わたしはこのことに何度目かの〈読み〉で気づいた。再読ではこうした発見の〈読み〉が生まれる。掘り起こしているのは自分の〈文脈〉のことばであり、底なしの自分の「ことばの闇」である。

しかし、ここには一つの問題がある。それでは、〈読み〉は読者のことば、主観から抜け出すことはできないのではないかということである。その通りなのである。つまり、いかに自分の詭弁、思い込みを削ぎ落とすかが問題なのである。だが、語られたことばの仕組みそのものにこの「ことばの闇」が仕掛けられていると読める作品がある。因果の〈文脈〉では架橋できないことばの領域が作中に組み込まれている。私の思い込みの〈文脈〉をことばの起源から問い返すことが仕掛けられている。

（3）みんなで考えてみたいこと――「ことばの闇」は「問い」として現象する

「ことばの闇」は、読者に見えない領域、〈文脈〉の因果が結べない領域である。しかし、その「ことばの闇」が再読で「問い」となる。いや、作品の「ことばの闇」は「問い」としてしか読者に現象しないと言ったほうがいいかもしれない[注4]。

例えば、『しばてん』では〈やくにん〉をなげとばさず、〈村人〉を告発せず黙って引かれていった〈たろう〉のあの目は何を見つめていたのだろうか？　という「問い」に読者が気づいたとき、それまでの語り手を超えて「ことばの闇」に棲む黒衣《くろこ》の語り手の位相が現れてくるのである。黒衣の語り手の闇の物語が立ち上がってくる。自ら〈しばてん〉を受け入れた〈たろう〉の物語である。己の宿命を受け入れた〈しばてんたろう〉の目差しが読者の〈文脈〉を撃つ。〈たろう〉は処刑され、村人に〈しばてん〉として甦った。〈しばてん〉は〈村人たち〉にとって何者であったのか。文学作品の教材価値は、この「問い」の他者性にあるのだ。他者性とは、「作品」が問う人間存在の闇の深さである。「問い」は、人物、語り手、読者の前に立ちはだかって揺るがない[注5]。

教室では、友だちに生まれた「問い」が提示され、「みんなで考えてみたいこと」として学習課題にすることが多い。また、教師の示す「問い」が学習課題に仕組まれることもある。しかし、どちらにしても読み直されているのは子ども一人一人の〈文脈〉である。

(4) 〈読み〉を書き綴る——子どもの〈読み〉を読む

わたしは、『しばてん』を、習志野市立袖ヶ浦西小学校の六年生と読んだ。(二〇〇七・二実践) それは、『しばてん』が六年生にとって考えるに値する人間存在の「問い」を突きつけてくれると考えたからである。あえて述べると、〈しばてん・たろう〉は役人を投げ飛ばすことも、逃げだすことも容易にできたのに、「やくにんに　ひきたてられていって　そのまま　かえってこなかった。」、その〈しばてん・たろう〉を私たちはどう考えればいいのかを、子どもたちと考えてみたいというものであった。「自分を侮り虐げる者のために人は死ねるのか」と言い換えてもいい。言うまでもないが、この「問い」はわたしに現象したものに過ぎない。だが、〈村人〉、〈ちょうじゃさま〉、〈やくにん〉、〈たろう〉、そして〈語り手〉を貫き、読者をも射抜く「問い」ではないかと私は思う。この「問い」の力によって、子どもの通念(倫理)がゆらぐと思えたからである。

実際の授業は、子どもたちの感想の印象点(感動)や「みんなで考えたいこと」を話題に取り上げ、授業者が構成して進めた。教室での話し合いは、子どもたちの〈読み〉をまとめることがねらいなのではない。「問い」の在り処を掘り起こし、読者のことばの向こうと向き合うことが〈読み〉なのだ。

子どもたちは自分の〈文脈〉をどう読み直したかを毎時間文章に綴っていく。その過程をたどっていくことで、子どもの〈読み〉の発見、あるいは混迷が見えてくる。教室の子どもの〈読み〉を読むのが授業者の仕事である。それはわたしが読書行為論の立場に立ち、〈読み〉は子ども一人一人のものだと考えているからである。

子どもを生涯の読書人に育てたい。問い続け、思索し続け、綴り続ける人間に育てたいというのが国語教師として授業に懸けるわたしの願いである。

2 「しばてん」について

（1）「しばてん」のあらすじ

〈たろう〉は、村はずれに捨てられていた親なし子だったが、からかいやいじめを受けても決して泣くことはなかった。ところが、馬のとめきちを見たとたん〈たろう〉が「ぎゃっ」と泣いたのである。その上、しりっぺたにひづめの形のあざがあった。「こいつはしばてんの生まれかわりやないやろか。」と、村で囁かれるようになっていった。

その〈しばてん〉というのは相撲が大好きなばけもののことである。〈しばてん〉は村の道に毎晩現れて〈ひゃくしょう〉をなげとばす。やられた〈ひゃくしょう〉は、足腰が立たなくなり、ひと月も仕事にでられないのだ。そこで、〈村人たち〉は相談し、夜道に馬のとめきちを放すことにした。それとも知らず〈しばてん〉は馬のとめきちに組み付いて、闇の彼方にけとばされる。二度と村には現れなかった。この出来事のすぐ後で、〈たろう〉は村はずれで拾われたという。

〈たろう〉は〈村人〉たちに育てられ、相撲の強いガキ大将に育った。ある秋祭りの相撲大会のこと、村の若い衆を次々と投げとばし、みな足腰を立たなくしてしまった。前にも増して、「たろうはしばてんのうまれかわりじゃ。」という声が大きくなっていった。そして、「こんな　きみわるいばけものは村にゃおけん。」という〈ちょうじゃさま〉の一声で、〈たろう〉は一人、えぼし山に追われてしまったのである。

月日は流れた。えぼし山の〈たろう〉はひとり木の実、草の根をかじってやっと命をつないだ。ある時、〈たろう〉はどうしても人間に会いたくなって村に下りる。その年は日照り続きで、〈村人たち〉も、わずかな木の実、草の根を奪い合って生きていたのである。ところが、〈ちょうじゃさま〉は、蔵には蓄えの米も野菜も有り余るほどあるのに稗一粒くれることはなかった。

もうこれでは、「としよりやがきらは死んでしまう。」と〈ひゃくしょう〉はうちこわしにたちあがる。しかし、腹を減らした〈ひゃくしょう〉は蔵に行き着く前にへたばり、そこに〈ばんにんども〉が襲いかかった。そのときだった、「しばてんがたすけにきたぜよ。」と、突然、〈たろう〉が叫んで〈ひゃくしょう〉の中から飛び出した。瞬く間に、〈ばんにんども〉を蹴散らし、〈ちょうじゃさま〉を空の彼方に投げとばしてしまった。〈たろう〉は、〈村人たち〉に迎えられ、また村に住むことになった。腹の空かない、穏やかな生活が村にもどってきたのである。

ところが、しばらくして、〈やくにん〉が村にやってきたのだ。「ちょうじゃのくらの　こめだわらをぬすんだのはだれだ。こめをくったのはだれだ。」と〈やくにん〉は〈村人〉を問い詰めた。窮地に追い込まれた〈村人〉がふるえながら考えたのは〈しばてん〉に罪を負わせることだった。〈しばてん〉だったらどうにかできるだろうと思ったのである。


「しばてんです。」

「しばてんが　ぜんぶ　やりました。」と、　くちぐちに　こたえた。

たろうは、やくにんに　ひきたてられていって、そのまま　かえってこなかった。

秋まつりが　くるたびに、たろうの　ことを　おもいだす。

じぶんたちの　こころに、いつからか　すんでいる　しばてんの　ことを　おもいながら。

（2）授業者は『しばてん』をどう読んだか――語り手・人物・読者に見えるもの

〈語り手〉はこう語る。

たろうは　にんげんの　子だから、　ばけものの　しばてんでは　ない
しばてんは　ばけものだから、　にんげんの　子の　たろうでは　ない

ゲッセマネで捕まえられたイエスのように、〈たろう〉は〈やくにん〉にひきたてられていった。ユダやペテロのように〈村人たち〉は〈たろう〉を裏切った。私には、『しばてん』が『新約聖書』に重なってしまう。〈たろう〉は何者だったのだろうか。やはり〈しばてん〉の生まれかわりではなかったのか？　私にはそうも思えてしまうのだ。〈語り手〉は、「たろうは　にんげんの　子だから、ばけものの　しばてんでは　ない。」と言い切るが、私にはそう単純に納得できない。その後、〈語り手〉は、むしろ〈たろう〉が〈しばてん〉の生まれかわりではないかと思わせる痕跡をあちこちにちりばめて語っていくからである。〈たろう〉は確かに化け物の〈しばてん〉（神）ではなかったかも知れない。だが、〈村人〉の十字架（罪）を背負ったキリストだったと言えなくもない。〈たろう〉は人間を超えた力を持つ者として語られている。

〈ちょうじゃさま〉は〈たろう〉の超人的暴力を怖れた。「こんなきみわるい　ばけものは　村にゃ　おけん。」と、〈村人〉を挑発煽動して、えぼし山に追い払った。しかし、日照りの時も、〈ちょうじゃさま〉は穀物を蔵に蓄え、〈村人〉が餓死しようが心動かすことはなかった。（穀物は年貢であり〈ちょうじゃさま〉のものではなかったかもしれないが）。そんな〈ちょうじゃさま〉は〈たろう〉が人間であることも見抜いていた。私には〈ちょうじゃさま〉だけが冷めた目で現実を見透しているかに見えた。が、その〈ちょうじゃさま〉は〈た

ろう〉に空の彼方へ投げ飛ばされて、今はもういない。〈たろう〉の力は〈ちょうじゃさま〉の想定を超えていた。

私は、〈村人〉が〈たろう〉に罪を負わせたことに、人間のずるさ、弱さへの嫌悪感と親和感（私も同じ）を覚えるのである。


みんなは、ふるえながら、かんがえたのは　しばてんのことだ。

あいつは　ばけものだから、やすやすと　なわをぬけられるだろう。

うちくびに　なっても、にいっと　わらって　いきかえるに　ちがいない、と　村人たちはおもった。

「しばてんです。」

「しばてんが　ぜんぶ　やりました。」

と、くちぐちに　こたえた。


〈村人たち〉は権力に従順に、身を低くして生き抜いてきたのだ。そして、彼らが求めたものは実にささやかな生活であった。だが、その「はらのすかない　日がやってきた。」とき、〈村人〉は試されたのである。〈村人〉は〈やくにん〉に責められ震えながら考えた。その時、「しばてん」ということばが彼らを救ったのだ。それなのに、〈たろう〉は〈ちょうじゃさま〉の時のように〈やくにん〉を空高く投げ飛ばさなかった。それこそが、〈村人〉が求めていた〈しばてん・たろう〉なのに。なぜに、〈たろう〉は無抵抗のまま引き立てられて行くのか。〈村人たち〉はそうした思いで〈たろう〉を見送ったに違いない。そこには、〈しばてん・たろう〉のどのような〈村人たち〉へのメッセージが込められていたのであろうか。

権力である〈ちょうじゃさま〉や〈やくにん〉との関係の中で〈村人〉は狡猾に捨て子〈たろう〉を利用し、命をつないできたのである。自分たちが生き延びるために他所者〈たろう〉を生け贄として売った。「たろうはしばてんだったのだ」と封印することで共同体の倫理は守られた。村人誰もが知っていて誰も語らない、この村の闇を『しばてん』の物語は問うている。

それにしても〈やくにん〉に引き立てられていく〈たろう〉が見据えていたものは何であったのだろうか。〈たろう〉のあの眼差しは〈村人〉に深く突き刺さったまま抜けない。私もまた同様に。〈村人たち〉は化け物〈しばてん〉を差し出した。それを〈しばてん・たろう〉は受け入れた。虐げ、おとしいれる者のためにお前は死ねるか？　私のどのようなことばも〈しばてん・たろう〉につながらない。〈しばてん・たろう〉は何時までも「問い」として私に宿る。

(3)　子どもたちは『しばてん』をどう読んだか

ここでは六年生の祐太朗と千明の「作品日記」を紹介する。（◆筆者の分析）

①祐太郎の〈読み〉

ⓐ【はじめの感想】

ぼくが一番印象に残ったことは、しばてん（たろう）が助けにきたところです。一度追い出されたのに村人のためにばん人やちょうじゃさまと戦ったところです。ぼくだったら一度追い出されたら、村人にうらみを持ち、嫌になるのにたろうは助けました。その優しい気持ちがすごくいいなあと思いました。

でも最後は村人に裏切られてつかまってしまい、すごくかわいそうだと思いました。せっかく助けてくれたのに、「あいつはばけものだから、やすやすとなわをぬけられるだろう。うちくびになってもにいっとわらっていきかえるにちがいない。」と言ってしばてんを犯人あつかいしてぼくはすごくかわいそうでした。

◆これからみんなで考えたいのは、たろうは本当にしばてんの生まれ変わりなのか？　それとも、しばてんとたろうのどっちなのか？　本当にばけものなのか？　なぜどんなことをされても泣かなかったのか？　です。

◆祐太郎は主人公のたろうに心を寄せて、はじめの感想を書いた。たろうは本当に化け物のしばてんか？　人間のたろうか？　祐太郎が提起した「みんなで考えたいこと」がこのクラスの学習の入り口となった。

ⓑ【「村人の「ぜんぶしばてんがやりました」を考える】

村人はあいつはばけものだからやすやすと縄をぬけられるだろう……と考えた。このままでは村人全員がしょけいされる。たろうは化け物だからどうにかできるだろうと思い、全部、たろうにおしつけた。村人はずるがしこい。

◆祐太郎は、たろうが化け物であったにしろ、村人が全部たろうに罪を押しつけたずるがしこさを指摘している。ここに彼の倫理観が読める。

ⓒ【村人は帰ってこなかったたろうをどう思い出し、しばてんのことをどう思うのか】

たろうはぼくたち村人を救ってくれた。なのに、なぜぼくたちは、たろうを犯人あつかいしてしまったのか……なぜ、たろうの優しさを知らずえぼし山に追い上げたりしてしまったのか……たろうには本当にかわいそうなことをしてしまった。

◆クラスの多くが、村人のずるさに情緒的に反発したり、たろうはしばてんだから逃げられると思ったと擁護する中で、祐太郎は一貫して化け物であろうがなかろうが、村人の裏切りに対する倫理を問題にする発言をした。

ⓓ【まとめの感想】

ぼくは、たろうが人間なのか、化け物なのか、すごく気になりました。最初、何をされても泣かないこどもだったとか、しばてんみたいにすもうが強いとか、ひづめのあざがあるなど、しばてんと共通点があったし、馬のとめきちを見たとたんぎゃっと泣いたりしたので、これはたろうは化け物だなと思いました。

でも、クラスのみんなと話し合いをしていくうちに、考えが変わってきました。人間にえぼし山に追い立てられたのに、人間に会いたくなるのは、たぶんさびしかったんじゃないかなあと思いました。それに、日照りの時、村人が食べる物がなくてちょうじゃ様さまのくらを打ちこわしに行ったとき、たろうが助けに来た優しさが伝わってきて、もしかしたら、たろうは人間かもしれないと思うようになりました。

そして、最後にたろうが役人に連れていかれた時に、化け物だったら、死なずに帰って来るはずなのに、帰ってこなかったところで、ぼくの中ではたろうが人間だと言うことを決定づけました。ぼくがこの勉強で変わったことはたろうは化け物ではなくちゃんとした人間だったと言うことです。

もう一つ、人間同士のつながりで問題なのは、ちょうじゃさまと村人のことです。ちょうじゃさまはもうすこし村人のことを考え、自分だけでなく村人にも食べ物を分けてやり、みんなで幸せになったらいいと思います。

こうして考えてみると、たろうには本当に悪いことをしたなあと思いました。本当は優しくて、強くて、よい心を持っていただけなのに、それに気づかずえぼし山に追い上げたり、罪をたろう一人に負わせたりしてかわいそうなことをした。

もう一回、たろうの姿が見たい。しばてんも村にいたときは強くて恐ろしかったけど、いなくなるとさびしいから、この村には大事な存在だったんだと思う。

◆　祐太郎の〈読み〉は一貫して、化け物しばてんか？　人間たろうか？　の追求にあったと言える。しかし、人間たろうへの思いは根拠の発見を伴って確信になっていった。発言では、「しばてんたろうが化け物だろうが、人間だろうが村人の罪は変わらない」と、主張したのが印象に残った。

②千明の〈読み〉

ⓐ【はじめの感想】

たろうと村人の関係は、初めから最後までいろいろ変化しています。村人達のたろうへの思いは関係と一緒にくるくる変わりますが、たろうの村に対する思いは始めから最後まで変わっていないとわたしは思います。

たろうが赤ん坊だった時、何をされてもけろりとしていました。普通なら泣いたり怒ったりします。わたしは決してたろうがつらくなかったわけではないと思うのです。また、えぼし山に追い上げられた時も、たろうはじまんのかい力を使いませんでした。それを使わなかったのも、赤ん坊時代にていこうをしなかったのも、何か理由があるからなのだと思います。

わたしは始めから最後までたろうはさみしかったのでは？　と思います。それを耐えて、耐えて、もしかしたら村人に愛されたかったのかな？　と思います。そんな人は今もたくさんいると思うのです。好かれたくて何も文句を言わずに耐えている人……たろうはそんな人だったんだろうとわたしは考えます。

◆赤ん坊で捨てられていたたろうが、谷底へ蹴落としてもけろりとしていたこと、からかわれ続けていたことを「たろうは決してつらくなかったわけではない」ととらえた。耐え続けたたろうの寂しさ、愛を求める心を読んだのは千明だけであった。

ⓑ【「村人の「ぜんぶしばてんがやりました」を考える】

しばてんは馬のとめきちにけとばされても、たろうとして生まれ変わって村にやって来た。村人達はきっとしばてんは永久に死なない不死の化け物と思ったのではないかと思う。「うちくびになってもにっと笑って生き返るにちがいない。」から、そう読みとった。

また、本当のことを言ったら、村中みんながつかまる。自分達は化け物ではないし、しばてんのように不死身でもないから、「ここはしばてんに任せよう。」と思ったのだと思う。村人にきっと悪意はなく、みんなが助かると思ったのではないか。

◆日頃から他人に優しい千明は村人に悪意はなかったと考えた。村人はしばてんの力を頼みとしたのだと擁護した。

【村人は帰ってこなかったたろうをどう思い出し、しばてんのことをどう思うのか】

わたしが村人だったらしばてんのことをこう思い出します。たろうはどうして役人の縄を抜けなかったのか。しばてんなら任せて大丈夫と思ったのに……たろうはまるで村のために生まれてきたみたいだなあ。たろうは今どうしているのだろうか、死んでしまったのか……？　自分たちだけが助かってしまった。たろうは村のためにつくしたのに。きっとその時々の村の事情でたろうを利用する自分たちに絶望して、生き返ってもこの村には決して帰ってこないだろう。

◆千明は村人に悪意はなかったとしながらも、その時々村人の都合で余所者のたろうを見てしまう村人の残酷さを鋭く指摘した。たろうは村人に絶望していると読んだ。

【まとめの感想】

村人に恐れられたしばてんは、晩になると村の道に現れ、村人を投げ飛ばすという「化け物」でした。たろうとして人に生まれ変わってきても、しばてんの特徴をたくさん持って生まれてきました。村人から見ると「また、しばてんがやってきたぞ。」「恐ろしい。」と思って村から追放したのでしょう。しかし、わたしが違いを感じたのは、追放されて独りぼっちになったたろうがしばてんには一度もなかった「さみしい」という感情を抱いたことです。

今まで独りぼっちだった「化け物」しばてんは悲しいともさびしいとも思わず過ごしてきました。しかし、たろうは「一人はさみしい」と思った。この違いは「人」と「化け物」の違いです。きっとしばてんは「人の心」を授かって生まれ変わってきたきたのだと思います。そしてその「人の心」が村人をちょうじゃや番人から守るという「優しさと思いやり」を与えたのでしょう。

その「人の心」を持って生まれたたろうは役人が村に来た時に、村人に裏切られます。クラスのみんなは「ひどい」、「ずるい」と言うけれど、村人に悪意はなかったのではないかと思います。たろうが、まさか死ぬはずはないし、たろうを差し出せば自分も助かる。きっと全員が無事に助かる方法として考えたのだと思います。その証拠にたろうがつかまった後、秋祭りの時に村人がたろうを思い出している場面が書かれています。これは村人のたろうへの後悔と反省を表していて、決して自分達だけが助かるために、たろうを差し出したわけではないことを表しているのだと思います。

わたしは、次にたろうが生まれてくるならば、しばてんの面影を残さず、普通の「人」として生まれてきて欲しいと思いました。

◆たろうが生まれつき持ってしまった化け物しばてんの運命に千明の優しい目差しが注がれている。また、村人の身勝手さ残酷さを捉えていながら、後悔、反省を認めている。私は、千明を知る者として、日頃から困難、矛盾を自ら引き受け他人を責めない彼女の生き方にいとおしさと苦しさを感じた。

[注1]　私と「読書行為論」との出会いは、田近洵一の次のような著書の論による。すべての〈読み〉は、読み手その人のものだ。しかしそれは、変わりもし、深まりもする。すなわち、大事なのは、結果として十人十色の〈読み〉ではなく、一人一人の読み手に〝私の〈読み〉〟が成立するということ、しかもそれがテクストとのかかわりの中で生成・変容・深化するということである。（『読み手を育てる読書論から読書行為論へ』（田近洵一、明治図書、一九九三・一〇）

[注2]　田近・田中論争「〈読み〉は何処に返るのか」の問題。（「読みのアナーキーをどう超えるか――〈原文〉とは何か」『文学の力×教材の力』理論編　座談会Ⅰ　田中実・須貝千里編、教育出版）での田近・田中・須貝（司会）の座談会から始まった。その後、二人には次のような言説がある。

①田中はフェルディナン・ド・ソシュールを引き、こう述べている。

意味（概念・シニフィエ）は読み手の意識にあって、その向こうの客体には「物質の断片」（シニフィアン）しか残っていない。だから、そこには正しい読み「真」はない。それまで「真」の追求というかたちで「読み方」を追い求めていた、その思考の経緯それ自体が文を構成する諸問題（連詞、形態素、音素）一義に収斂する文法のレベルなどを別にして、制度として瓦解させられたのである。（「断想Ⅲ」『日本文学』二〇〇六・八）

②また、田近は「作品に返る」について注でこう述べている。

私はここで「作品に返る」と言っているが、それは、客観的存在である「原作品」を対象とした読み返し、読み直し、読み深めのことである。そのことで、読者は、最初の〈読み〉では見えなかったものを新しく見いだしたり、最初とは違う見方をしていく。その点も、元の文章と「本文」との間に「第三項」として「原文」という「元の文章」の影を想定し、そこに返るとする田中説と私の違うところである。（「教育における〈読み〉の倫理」『社会文学』一六号、二〇〇一・一二）

私は、田近は実体論者ではないと考えている。田近は徹底して子どもの〈読み〉にこだわってきた。田近は最近になって「原作品」を使わず、「言語素材」と言っている。「物質の断片」（＝インクの染み）とその「言語素材」の内実に私は強い関心を持っている。

[注3]　作品の「ことばの闇」を今発表から使うことにした。これまでは、「原作品」の闇（実体ではないという意味でカギ括弧）としてきたが、田近・田中論争を曖昧にする用語の使用ではないかとの指摘を受けた。両氏に学んで

きた私にとってもとより論争を曖昧にする意図はない。この論争の評価はまだ私の中で完全に成熟していないので、今のところ用語を作品の「ことばの闇」とすることにした。

［注4］文学の「問い」との出会いは、西郷竹彦著『虚構としての文学』（国土社、一九七一・二）である。

①「科学は問題を解決するが、文芸は問題を提示する」とチェホフがいったように文学は読者に問いの存在を目に見えるようにまざまざと示します。私たちがうっかりしていて気づかないままにやりすごしていた日常生活の中に、重大な人間の問題がひそんでいたことに、はっとして気づかせてくれます。

（五　文学における「問い」一〇〇頁）

また、私はこれ以前に、森有正の『経験と思想』（岩波書店）、『生きることと考えること』（講談社現代新書一九七〇・一二）などの著書から「経験の成熟」について強い示唆を受けた。問い続けることで、経験（変貌・成熟）を生き、思想にいたる道を実感することができた。ただ、西郷の文学の「問い」は実体としての「問い」であった。作品の叙述から、認識の方法で誰もが取り出せる思想内容（認識の内容）であった。私は、今この立場にいない。

［注5］田中実の「了解不能の《他者》」は、私にとって衝撃的なものがあった。私はこれまで反映論者であった。作品を実体と考えたことはなかったが、構造は残っていると考えていた。田中の言う「容認可能な複数性」の立場である。今、ロラン・バルトの言う「「テクスト」は意味の共存ではない。それは通過であり、爆発に、散布に属する。」（「作品からテクストへ」）の問題が私の実践に突きつけられている。「問い」を突き詰めてきたわたしの現在の到達点である。

文学作品の文章を「読むこと」、解釈する行為に関する筆者の結論はこうである。客体の文章そのものは決して捉えられない。だが、この捉えられない対象を内包して初めて「読むこと」が作動する。つまり、読み手が捉える対象には常に読み手の主体に捉えられない客体そのもの、すなわち了解不能の《他者》が働いている。これをもし〈神〉と呼びたいなら呼んでもよいだろう。筆者は第三項、〈原文〉と呼んでいて、その影が〈本文〉＝〈私のなかの他者・文脈〉に働いていると考えている。

（田中実「断想Ⅲ」『日本文学』二〇〇六・八）

私の使っている作品の「問い」、作品の「ことばの闇」の概念は、森有正、西郷竹彦、田近洵一をくぐり、今、田中実の論にも強い刺激を受けている。田中の理論は文学の〈読み〉を広げ深めたと、私は評価する。私に実践のことばが降りてくるのを待っている。

二　〈読み〉の手がかりは何か
——中学一年生が「空中ブランコ乗りのキキ」（別役実）を読む

1　文学作品を教室で〈読む〉ことは面白い——読書行為としての〈読み〉

（1）物語世界に生きる

物語に没頭する。その世界に自分が生きる。ことばにいのちが吹き込まれて〈読み〉に身体性が感じられる。これはとても充実した愉しい体験である。読み終わって、強くあるいは深く心に残るものがある。その印象点がこれからの〈読み〉のスタートとなる。教室で文学作品を読む面白さはここから始まる。

（2）物語世界を探検する

読み直す（再読する）ことは面白い。初読では結末までを知らずに読み進めていたのに、今度は物語の結末から読むからである。初読で気づかなかったことが分かってくる。再読はストーリー（出来事）の位相を超えて、物語内部の語り手の位相から見える世界である。「なぜだろう？」とひっかかり、「ああ、だからこうだったのか。」と、ことばの関係（人・もの・コトの関係）の因果に新しい発見がある。友だちの発見に自分の〈読み〉が崩れ、再生される。新たな意味を発見すると物語が違って見えてくる。これは本当に面白い。文学を教室で読む醍醐味である。

こうして、それぞれの読者に〈本文〉（＝文脈）が生成する。

（3）　物語世界を超えた《意味の零度》の時空に出会う

ことばの関係を読み返しているうちに、因果では繋げないことば、《意味の零度》に出会う。「〈乞食のおばあさん〉は何者か？」、「〈澄んだ青い水〉の中身は何か？」、「なぜ、〈キキ〉は薬を飲んでまで四回転宙返りをしたのだろうか？」、「〈キキ〉は死ぬことを知っていたのか？」、「〈キキ〉は〈白い鳥〉か？」……読者に因果を超えた「問い」が生まれる。自分のことばの向こうに立たされる。詩のことばと向き合う。「空中ブランコ乗りのキキ」では、〈キキ〉が求めた欲望を物語の外部である〈白い鳥〉の向こうから問い返されるのである。考え続け、問い続けるに値する「問い」である。

そこでは読者のことばの倫理が問われる。いつまでも読者に「問い」が突きつけられる。それが、文学作品を読むことのこの上ない面白さである。

2　「空中ブランコ乗りのキキ」（別役実）[注1]の教材価値とは何か

子どもが「空中ブランコ乗りのキキ」を〈読む〉ことで、どのような〈読み〉が経験され、そこにどのような「問い」が生まれるかに、文学作品の教材価値がある[注2]。

この「空中ブランコ乗りのキキ」の教材価値を述べてみたい。

（1）「空中ブランコ乗りのキキ」でどのような〈読み〉が経験できるか

童話「空中ブランコ乗りのキキ」との出会いは、千田洋幸の『月刊国語教育』（二〇〇二・五）の論文「文学教材論の前提――三つの「サーカス」に触れながら」[注3]を読んだことにある。この偶然の出会いが、この作品で授業を計画する直接の動機となった。それでは、私は「空中ブランコ乗りのキキ」のどこに教材としての魅力を感じたのだろうか。

「空中ブランコ乗りのキキ」は、現代の中学生が十分面白く読め、読みこなせる教材である。また、物語に内在する「問い」は深い。端的に言うなら、この物語が私に突きつけたのは「欲望の世界で人と人は出会うことができるのだろうか？」という「問い」であった。欲望の現代社会の風刺物語である。これが正しい作品の〈読み〉かどうかが問題なのではない。私には「空中ブランコ乗りのキキ」がそういう物語として生まれてきたということである[注4]。

〈語り手〉は〈観客〉と〈キキ〉の欲望の相関関係を語っていく。

主人公〈キキ〉と〈観客〉との繋がりは拍手であった。〈キキ〉は〈観客〉の拍手で称賛され、けなされ、煽られる。〈キキ〉の欲望もその関係の中にあった。同じサーカスのピエロの〈ロロ〉は四回宙返りなどに挑戦して、死んでしまったらおしまいだ、と言う。読者である私もそう思う。しかし、拍手だけが、空中ブランコ乗りの〈キキ〉の生そのもの、世界との繋がりだった。

〈観客〉にとってみれば、〈キキ〉は鳥か、ひょうか、あゆかと見間違う超人であり、スターである。それ故に、死をも厭わぬ技、人間離れした技であればある程、〈観客〉は狂喜し、興奮するのである。サーカスは〈観客〉の生活の憂さの捨てどころでもあった。〈キキ〉は慰み者に過ぎなかった。そうした関係を〈キキ〉は生きていた。そこに〈観客〉と〈キキ〉の人間的共感はない。だが、〈キキ〉が自分を生きる場はそこしかなかったのである。

今日を生きている私たちにとっても人と出会うこともそんなに易しいことではない。様々な思惑や利害、あるいは羨望と蔑視が絡む欲望の人間関係を生きるのは難しい。

〈読者〉である子どもたちの〈読み〉の多くは、拍手を浴びたい〈キキ〉をヒロイズムだと糾弾した。人気スター〈キキ〉の虚飾のプライドと見るのである。そうだろうか、〈キキ〉を糾弾できる程に私たちの人間関係は揺るぎないものだろうか。人間関係は分断させられ、相対の万華鏡、擬態を生きているのが私ではないか。また、欲望地獄を逃れられずにいるのが私たちではないか。

金星サーカスの〈ピピ〉が〈キキ〉にしかできなかった三回宙返りを成功させたと聞いたときも、〈キキ〉は悩んだが、〈キキ〉は今ある欲望の相関を棄てて生きることを選ばなかった。四回宙返りに挑戦して死ぬことを選んだのである。〈乞食のおばあさん〉がくれた〈澄んだ青い水〉を飲めば一度だけでも成功するなら、それを飲んでも〈観客〉に四回転宙返りを見せたいと思った。なぜか。やはり、命を捨てても名を残そうとしたヒロイズムなのだろうか。そうではあるまい、〈キキ〉は同じ空中ブランコのスターだった〈お父さん〉の悲惨な末路をよく知っているのだ。自分も瞬く間に忘れ去られるに違いないことはよく分かっていた。その時、〈キキ〉に今まで見えなかった〈観客〉との関係が見えたのではなかろうか。つまり、〈キキ〉の最後はこうである。

ブランコの上で、キキは、お客さんを見下ろして、ゆっくり右手を挙げながら心の中でつぶやきました。

「見てください。四回宙返りは、この一回しかできないのです。」

ブランコが揺れるたびに、キキは世界全体がゆっくり揺れているように思えました。薬を口の中に入れました。

「あのおばあさんもこのテントのどこかで見ているのかな……。」

キキはぼんやり考えました。

〈キキ〉に二度目はない。その上、〈薬〉の力が成せるまやかしの四回宙返りである。しかし、〈キキ〉に心の乱れはなかった。揺れているのは〈世界全体〉の方である。〈キキ〉は静かである。何故か。もう、〈キキ〉はあれほど執着していた自分の欲望を問題にしていないのだ。世界の超越から〈観客〉の刹那的欲望を〈キキ〉自身の欲望として受け入れ、四回宙返りを披露したのだ。〈キキ〉は絶対孤独にいて〈港町の人々〉の欲望を我が欲望としたのである。〈観客〉と空中ブランコ乗りの〈キキ〉がひとつになったのだ。そこに人間〈キキ〉の〈港町の人々〉への人間としての共感、愛があった。

ひどくゆっくりと、大きな白い鳥が滑らかに空を滑るように、キキは手足を伸ばしました。それがむちのようにしなって、一回転します。また、花が開くように手足が伸びて、抱きかかえるようにつぼんで……二回転。今度は水から飛び上がるお魚のように跳ねて……三回転。お客さんは、はっと息を飲みました。しかし、キキは、やっぱりゆるやかに、ひょうのような手足を弾ませると、次のブランコまでたっぷり余裕を残して、四つ目の宙返りをしておりました。

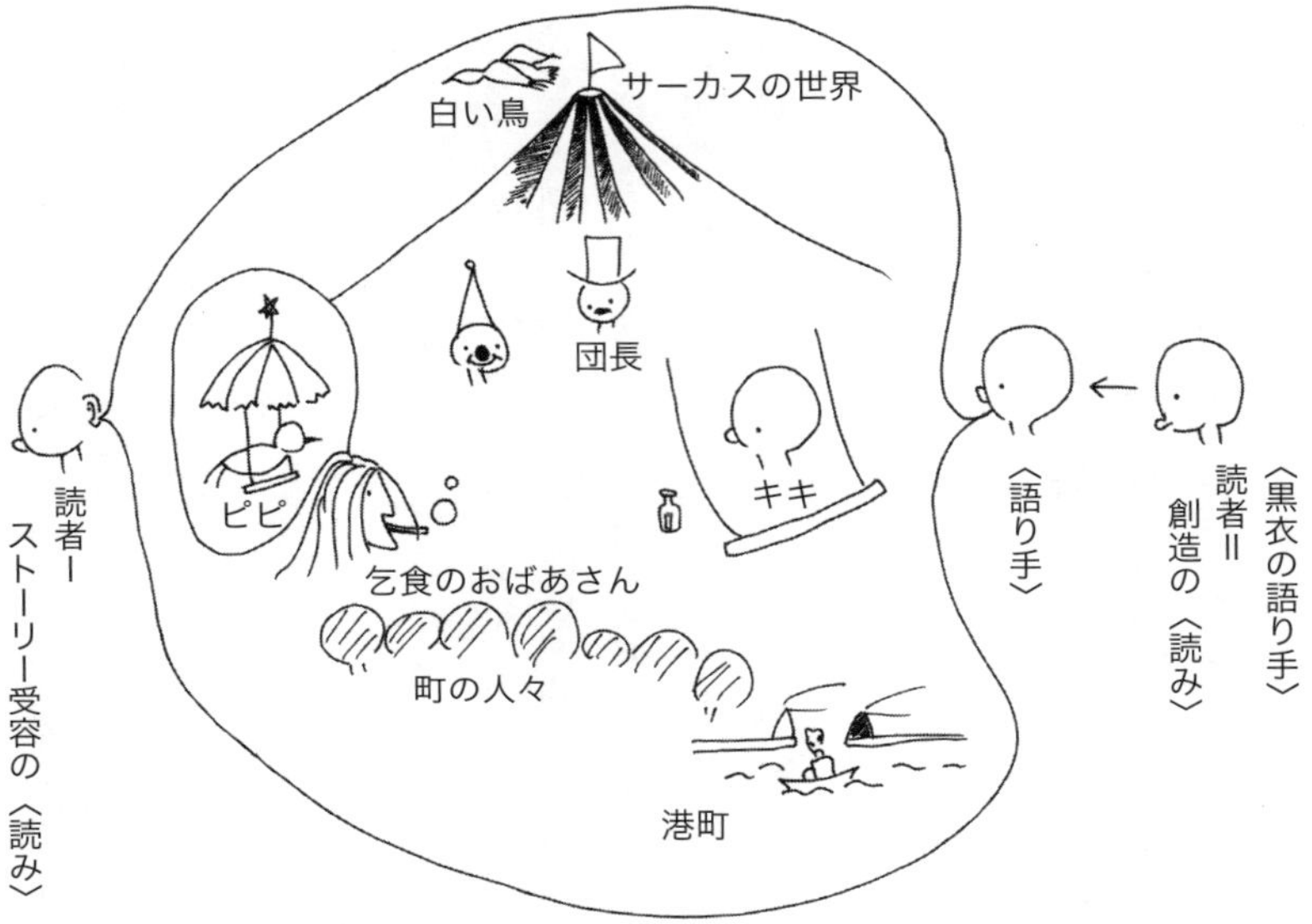

図2　「空中ブランコ乗りのキキ」の関係相関図

この美しい四回宙返りは、〈キキ〉が自分の死と引き替えに〈港町の人々〉に贈ったプレゼントである。〈キキ〉の〈港町の人々〉への愛のメッセージと言っていいかもしれない。そして、悲しく鳴いて海に飛んでいった白い大きな鳥の伝説が、〈港町の人々〉の返答なのだろう。波止場の片隅では、〈乞食のおばあさん〉が「〈キキ〉の四回宙返りも〈澄んだ青い水〉がつくった〈シャボン玉〉がひとつ、ふんわり飛んで割れただけさ。」とうそぶいているに違いない。どんな物語もすべてシャボン玉である。これが私の〈読み〉である。

(2)　「空中ブランコ乗りのキキ」の《問い》

①人物に見えるもの

人物とは、〈語り〉に語られた人物である。しかし、一人ひとりの人物には性格や環境、歴史等、特有の条件があり、その人物のものの見方考え方と欲望がある。

＊〈キキ〉に見えるもの

あるサーカスの空中ブランコ乗りの〈キキ〉は、誰もできない三回宙返りによって人気者であった。〈キキ〉の〈お父さん〉も空中ブランコのスターであり、いわば生粋のサーカスの子である。〈キキ〉はサーカスで生まれ、サーカスで育ち、とりわけ〈お父さん〉の血を受け継いでいたのだろう。しかし、〈お父さん〉はその三回宙返りに失敗して死んでいた。人間離れした技、まるで鳥か、ひょうか、あゆのような三回宙返りで客の万雷の拍手を受ける。それは〈キキ〉には何にも代え難い喜びであった。しかし、至福の空中ブランコ乗り〈キキ〉に時々よぎる胸騒ぎがあった。「他の誰かが三回宙返りをしたら、自分の今がなくなるのではないか。」ということである。四回宙返りは、さすがの〈キキ〉にもできそうもなかったからである。

しかし、その日は来た。金星サーカスの〈ピピ〉が三回宙返りに成功したことを、〈乞食のおばあさん〉から聞かされる。それは、ある港町のフェスティバルの夜のことであった。

キキは黙ってぼんやりと海の方を見ました。しかしまもなく振り返ってほんのちょっとほほえんでみせると、そのままゆっくりと歩き始めました。

〈キキ〉にはサーカスのテントという小宇宙だけが、自分が生きてきた世界であった。そこでは人気者であった。〈海の方〉は〈お父さん〉のいるところである。〈キキ〉は〈父さん〉の運命を思い出したに違いない。〈お父さん〉がなぜ三回宙返りに命を賭けたのか、〈キキ〉に分ったのだろうか。〈キキ〉は父と同じ道を歩もうと決断したのである。それは、四回宙返りに挑戦して死ぬということである。

「これをやる前にお飲み。でも、いいかね。一度だけしかできないよ。一度やって世界じゅうのどんなブランコ乗りも受けたことのない盛大な拍手をもらって……それで終わりさ。それでもいいなら、おやり。」

〈キキ〉の覚悟を察知した〈乞食のおばあさん〉はそう言って、〈澄んだ青い水の入った小瓶〉を〈キキ〉に手渡した。そして、次の夜、〈キキ〉は見事な四回転宙返りを披露してどこかに消滅してしまったのである。最後の〈キキ〉はこうであった。

ブランコが揺れるたびに、キキは、世界全体がゆっくり揺れているように思えました。薬を口の中に入れました。

「あのおばあさんも、このテントのどこかで見ているのかな……」

キキはぼんやり考えました。

もう、〈キキ〉は揺れていない。〈シャボン玉〉のように揺れているのは〈観客〉も含めた〈世界〉の方である。〈キキ〉はその〈世界〉の外に飛び出して見ているのである。自分が生きてきた〈シャボン玉〉の世界をながめている。〈シャボン玉〉のように儚い、虚飾の世界、「ここが私の愛しい世界なのだ。」と、〈キキ〉は思ったのではなかろうか。〈赤や青の電気〉がついたり消えたりしているサーカスの世界に生きてきた人間〈キキ〉が四回宙返りを演じたのである。だとすれば、それは、愛である。〈キキ〉のそうした思い、決断を、〈団長さん〉、〈ロロ〉、そして〈港町の人々〉の誰も知るよしもない。〈キキ〉の孤独は、今はっきりと極まって幸せだった。

このことを理解できたのは、裸の人間、神の孤独を生きる〈乞食のおばあさん〉ひとりである（だから、〈おばあさん〉は「乞食」である必要がどうしてもあったのだ）。そう考えたとき、最後に「あのおばあさんもこのテントのどこかで見ているのかな……」と、ぼんやり〈キキ〉が考えたことも肯けるのである。

＊〈港町の人々〉に見えるもの

私が幼き日に観たサーカス。テントに取り囲まれたその小空間は、足を踏み入れてしまうと、果てしない闇に包まれた異界そのものであった。火の輪に飛び込むライオンの曲芸、ピエロの面白くも悲しげな表情、闇に消えては現れる空中ブランコの危うさ。そのスポットライトを外れると、そこには深い底なしの闇があった。地球儀をまわるオートバイの爆音と白煙は天と地をも逆転させた。サーカスの魅力とは、その危うい、おそろしい世界に閉じこめられる悦楽かもしれない。息詰まるような、思わず顔を隠した指の間からそっと覗くような、恐怖とエロスの世界がそこにある。この〈港町の人々〉もきっと私の幼い日の思い出と同様に、死との境目を綱渡りするような危険を楽しむために、サーカスを見に行ったに違いない。危険であれば、危険であるほど、怖ろしければ、怖ろしいほど驚喜したに違いない。日常では決して起こりえない〈危機〉の技をどこまでも欲望するのである。

〈港町の人々〉の眼には〈キキ〉は人間とケモノの混血としか見えていなかった。〈キキ〉は〈港町の人々〉にとってそういう存在だったのである。

「まるで鳥みたいじゃないか。」
「いえ、どちらかというと、ひょうですね。」

「いや、お魚さ。あゆはちょうどあんなふうに跳ねるよ。」

その〈港町の人々〉は、四回宙返りを成功させて消えた〈キキ〉を〈白い大きな鳥〉になって海の方に飛んでいったと、噂した。四回宙返りを成功させて、一瞬にして消えてしまった世界一の空中ブランコ乗りの〈キキ〉、このスキャンダルが〈キキ〉を大きな白い鳥になったというキキ伝説を創り上げたのだった。人とケモノの混血だったのならば、鳥となるのもさほど不思議ではないとも言えよう。しかし、〈キキ〉は白い大きな鳥として、四回宙返りの飛翔の美しさを讃え語り伝えられたのである。

翌朝、サーカスの大テントのてっぺんに白い大きな鳥が止まっていて、それが悲しそうに鳴きながら、海の方に飛んでいったといいます。

〈港町の人々〉は、自分たちの罪を隠し通したわけではない。なぜなら、〈キキ〉を〈悲しく鳴〉かせた原因が〈港町の人々〉の側にあったことも、漏らさず「キキ伝説」には記されたからである。〈キキ〉を自らの欲望の生け贄とする一方で白い大きな鳥の美しい伝説に創り上げてしまうしたたかさが、私たち〈港町の人々〉である。

＊〈乞食のおばあさん〉に見えるもの

「乞食」の〈おばあさん〉であることが、この謎の人物の性格を決定的なものにしている[注5]。乞食は、俗世の外部の人である。「神」の眼を持つ人でもある。それを象徴するものとして、〈乞食のおばあさん〉は〈シャボン玉〉をふき、〈シャボン水〉を思わせる〈澄んだ青い水の入った小瓶〉を持っているのであろう。そして、それで儚い虹色の世界を現象させ、パチンと一瞬に消してみせるのである。

そして、〈乞食のおばあさん〉が住んでいたのは、〈波止場〉の片隅の小さなテントである。〈波止場〉は河原を連想させる。彼岸と此岸の境界領域であろう。だから、サーカスが港町で興業されたのも極めてそれにふさわしい場所なのである。河原者たちの寄りつく場、霊界と俗世が混じり合う場が〈波止場〉である[注6]。

〈キキ〉がなぜ他でもない〈乞食のおばあさん〉に話しかけ、自らを吐露したか。それは偶然だったのではない。河原者である芸能者と乞食は同じ類の人である。〈キキ〉は神と交わる媼に懊悩を語ったのである。〈キキ〉と〈乞食のおばあさん〉の対話を〈キキ〉の自己内対話、あるいは亡くなった〈お父さん〉の霊との対話、また、〈乞食のおばあさん〉は神だ、と考えた子どもたちの〈読み〉は、けして的を外してはいない[注7]。絶対孤独の眼で世界を見透かし、慈眼で〈キキ〉の魂を救ったのが〈乞食のおばあさん〉だったのであろう。

＊〈ロロ〉に見えるもの、〈団長さん〉に見えるもの

二人は〈キキ〉とテントで寝食を共にし、放浪する芸能集団で生きる人々である。自分たちが何者であるかをよく知っている。〈キキ〉の父も放浪するブランコ乗りであった。彼らは被差別者である。〈キキ〉は生まれたときからこの境遇にいた。〈ロロ〉は自分たちが、このテントから出られないことを一番よく知っているのである。

「およしよ。」
「四回宙返りなんて無理さ。人間にできることじゃない。」

「いいじゃないか。人気が落ちたって死にやしない。ブランコから落ちたら死ぬんだよ。いっそ、ピエロにおなり。ピエロなら、どこからも落ちはしない。」

〈ロロ〉は己の境遇を甘んじて受け入れた人である。しかし、差別される側を共に生きてきた者の優しい眼差しがそこにある。〈団長さん〉にとってサーカスの経営は切実な団員たちの糧の獲得にある。それが、どのような関係で成立しているのかをよく知っている。〈キキ〉が死を賭けた空中ショーを観客に見せるなら、興業の成功は約束されたものになる。〈キキ〉のその身を心配し、いたわりながらも、サーカスの興業を成功させるために画策する。陽気な〈団長さん〉の揺れがそこにある。

②〈語り手〉に見えるもの

そのサーカスでいちばん人気があったのは、なんといっても、空中ブランコ乗りのキキでした。（中略）キキは人々の評判の中で、いつも幸せでしたが、だれかほかの人が三回宙返りを始めたらと、考えると、そのときだけ少し心配になるのでした。

〈語り〉は、〈キキ〉を見つめる〈観客〉の視角から語り始める。そして、人気者〈キキ〉の心の葛藤へと語りを転じていくのである。もうこの書き出しだけで、この童話の〈語り〉のスタンスが見えてくる。場はサーカスである。そして、〈観客〉と人気の空中ブランコ乗りの〈キキ〉の関係のドラマが展開される。四回宙返りの練習をする〈キキ〉にピエロの〈ロロ〉はこう言う。

いいじゃないか。人気が落ちたって死にやしない。ブランコから落ちたら死ぬんだよ。……

このことばは、私たち〈読者〉のものの見方そのものである。私たちの常識である。しかし、〈キキ〉には納得できないのだ。

港町のカーニバルに〈キキ〉のサーカスがやってきた夜のことだった。波止場の片隅で、シャボン玉を吹いているやせた〈乞食のおばあさん〉に〈キキ〉は声をかける。この〈乞食のおばあさん〉は〈読者〉には謎の人である。しかし、〈語り手〉もまた〈乞食のおばあさん〉が何者であるかを知らない。結末は知らないのである。〈乞食のおばあさん〉は、この童話のブラックボックスの役割を担っている。〈人物〉も〈語り手〉も〈読者〉も知らないという構造がある。すなわち〈乞食のおばあさん〉の情報は物語中に点在しているが、そのコードは〈読者〉が繋ぐほかないのである。その夜、金星サーカスの〈ピピ〉が三回宙返りを成功させたというニュースを〈乞食のおばあさん〉から聞き、〈キキ〉は窮地に追いつめられる。思い悩んだ末に〈キキ〉は死を覚悟する。そして、それを察した〈乞食のおばあさん〉は〈澄んだ青い水の入った小瓶〉を渡す。その魔力によって、〈キキ〉はただ一度だけの四回宙返りを手に入れるのである。

次の夜、見事な四回宙返りをする〈キキ〉を、〈語り手〉は〈港町の人々〉、〈観客〉の眼から再び描いていく。そして、鮮やかな〈大きな白い鳥〉と結合していくのである。

〈キキ〉の視角からの最後の語りと、〈キキ〉のつぶやきを、私は特に注目している。引用は繰り返さないが、〈キキ〉が残したメッセージは、〈観客〉への優しいことばと、〈乞食のおばあさん〉への感謝の思いである。その時、〈キキ〉は空中ブランコ乗りとして〈観客〉に弄ばれる関係を超越し、〈港町の人々〉への人間的共感の関係へと、その位置を変えたのだ。〈キキ〉の迷いは止まって、〈世界全体〉が静かに揺れているのである。

そして、この後は再び〈観客〉の眼から美しい四回宙返りの飛翔が描かれ、「キキ伝説」が語り上げられる。

語られた物語は、空中ブランコ乗りの〈キキ〉が白い大きな鳥となって海に飛んでいったという伝説である。〈語り手〉は、〈キキ〉のキキ物語、〈港町の人々〉のキキ物語、そして、〈ロロ〉や〈団長さん〉のキキ物語、それぞれの人物のキキ物語を創り上げるが、事実は曖昧なままにサーカスのテントの闇に消えてしまうのである。そして〈キキ〉は一瞬〈大きな白い鳥〉となって甦り、再び消滅する。〈語り手〉が語ったのは欲望の相関を生きる人々のそれぞれの物語である。この語りの曖昧さにこそ、私たちの欲望社会への《問い》がある。

③黒衣の語り手の《問い》

読者には三つの物語が見えてくる。しかし、事実は見えない。全てが曖昧なサーカスの闇の中にある。だから、読者には、それぞれの物語が、なぜそれぞれの事実として存在してしまうのかが問われるのである。〈港町の人々〉はなぜ〈キキ〉を〈白い大きな鳥〉にしてしまうのか。〈団長さん〉と〈ロロ〉はなぜ「〈キキ〉はいなくなった。」というのか。「〈キキ〉は死んだ。」と言わないのか。死んでないなら〈キキ〉はどこに行ったのか。死んだとしたら、なぜ隠すのか。死ぬ気であった〈キキ〉は、〈乞食のおばあさん〉からこの結末を知らされていたのか。そうとは読めない。事実は〈乞食のおばあさん〉だけが知っているのである。それは〈シャボン玉〉だからである。

その日はフェスティバルという狂おしい祝祭の異空間での、しかも、サーカスという異類の乱舞する〈場〉の出来事であった。日常の秩序が解かれ、〈港町の人々〉の押し隠されてきた聖と汚れが噴き出す欲望解放の夜に、〈キキ〉はその身を〈港町の人々〉に捧げたのである。

カーニバルのサーカスという世界での〈キキ〉と〈観客〉との関係、すなわち「人間の欲望と生け贄」との関係を、〈読者〉は読まなくてはならないだろう。〈キキ〉は〈観客〉の慰み者を生きてきたのである。〈キキ〉はそのことを〈ピピ〉の三回宙返りの事実と〈乞食のおばあさん〉に導かれて、はっきり自覚したのではないか。ならば、「慰み者を生きてやろう。」「観客に慰めを与えてやろう。」それが〈キキ〉の決断ではなかったか。「ブランコが揺れるたびに、キキは、世界全体がゆっくりゆれているように思えました。」四回宙返りに望むとき、もう〈キキ〉には、満員の〈港の人々〉の熱く挑む視線は感じなかった。〈キキ〉という私が存在し、外の世界が揺れていたのである。それは死に向かう者の絶対孤独とも言うべきものである。そして、〈キキ〉は姿を消し、〈港町〉の人々に白い大きな鳥の「キキ伝説」が生まれたのである。〈キキ〉のキキ物語、〈港町の人々〉のキキ物語、そして、〈ロロ〉や〈団長さん〉のキキ物語の交点に読者のキキ物語が成立する。それぞれの人物のキキ物語に、その三つの物語の葛藤の向こうに、「空中ブランコ乗りのキキ」の《ホントウ》を〈読者〉は思うに違いない。童話の物語に〈読者〉が小説を描きたくなるのが、「空中ブランコ乗りのキキ」の〈読み〉の面白さと言えよう。

3　再読の〈手がかり〉は何か

私に現象した〈本文〉は、何を〈手がかり〉に、問い返されるこの問題については、田近洵一と田中実の「〈読み〉の原理」にかかわる論争がある[注8]。

再読で読みとる概念は、〈元の文章〉に残っており、それを読み直すのか。それとも〈元の文章〉は読書行為が始まった瞬間、読み手の〈本文〉と「物質」に二分され、〈元の文章〉に返ることはできないのか。この論争である。ここでは、私自身が再読の授業での〈手がかり〉をどう考えてきたかを具体的学習活動例で提示し、田近・田中論争を考えてみたい。

再読の〈手がかり〉

（1）私の「『空中ブランコ乗りのキキ』日記」（〈本文〉）を綴る。

（2）学習資料　友だちの「『空中ブランコ乗りのキキ』日記」、友だちの〈本文〉を読み合う。

①教師が選んだ前時の「日記」を読み合う。

②話し合いを焦点化するための「関係相関図」を考え図示する。

（3）「空中ブランコ乗りのキキ」の叙述（文章）を検討する。

（1）私の「空中ブランコ乗りのキキ」日記

何故に感想ではなく、日記なのか。

日記は日々の出来事や感想などを記録したものである。基本的には私的な記録であるから内容、形式、方法において社会通念上の規則はない。記録者の動機や目的によってさまざまな様式が生まれる[注9]。

極めて私的な経験から語るならば、私が思索の場としての日記に出会ったのは森有正であった。森有正の日記に、日々思索し、その経験を生きることで私のことばや思想を身体化していく手法と態度を学んだ。その後、亀村五郎氏の『日記指導』[注10]に国語教育で「日記」がいかに有効かを学んだ。また、奄美文芸研の「テーマ日記」の実践にある発想を得た。それは極めて私的な日記を学習の場に持ち込む手法である。日々の出来事を書き付ける「告白の日記」は公開できない。しかし、テーマを設け、間接的に私を語るなら学習の資料として活用できるのではないか、ということである。例えば、友だちと、あるいは家族と同じ映画を観て語り合うことは、中学生でも自然にできそうである。直接自分を語ることは憚られても、何かを媒体にすればその壁を突き破れる。勿論、匿名と署名を使い分ける配慮を注意深くしなくてはならない。

また最近になって、荒川洋治氏の『日記をつける』[注11]に出会った。日記が市井の私たちの思索生活にいかに様々に活用されてきたか、改めて認識させられた。また、文学と日記の深いつながりも教えられた。私は、生活の中で思索する場としての日記を子どもたちに伝えていきたいと考えている。今回、私がこれまで感覚的に実践してきた「作品日記」を、敢えて、文学の〈読み〉の活動例として提案したいと考えた所以である。

ここで、何故「作品日記」かをまとめておきたい。

①前回までの日記を読み返して書き綴ることによって、自分の〈読み〉を相対化し、深めていくことができる。
②「作品日記」という性格によって、ひとつの作品を一定期間考え続けた思索の記録を残す。また、教師がしっかり配慮して学習の場で共有することができる。
③日記という生活に根付いた文章形式を身につけ、日頃の思索の記録として活用する。
④子どもの〈読み〉の過程と発見を知ることができる。
⑤子どもの〈読み〉に新たな〈読み〉の観点を教師が示唆することができる。
⑥一人ひとりの子どもの〈読み〉を読むことができる。

(2)　友だちの「『空中ブランコ乗りのキキ』日記」と「関係相関図」

友だちの「日記」（友だちの〈本文〉）で、自分の「日記」（自分の〈本文〉）を相対化することができる。友だちの〈本文〉を批評し、自分の〈本文〉を問題化する。ことばに出会い、考え方に出会うことで、新たなテクストが立ち上がってくるのである。

教師が学習の場に子どもたちの「作品日記」から選択した学習資料をどのように構成するかは、学習のねらいが大きな関わりを持つことになる。子どもたちの〈読み〉に互いに欠落している観点やことばをとらえ、発見をうながすことが、そのねらいである。学習活動の構成は教師が意図的に仕掛ける絶好の場である。子どもたちの「作品日記」を分析、選択、構成し、次時の〈読み〉に新たな観点を与え、〈本文〉を読み直し発見をうながすための学習資料を作成しなくてはならない。むしろ、教師の〈読み〉を提示した方が的確で効率がいいのではないかという批判があろう。しかし、教師と子どもは対等の関係ではない。教師の解釈が正解となってしまう。正しいひとつの〈読み〉がないのだから、〈読み〉は読者の中で「私一義」に向かって追求されなくてはならない。子どもの〈読み〉の実態を無視して教師の手だてが立てられるべきではない。〈読み〉は発見でなければならないのである。

また、学習資料を読み合う過程で、それぞれの学習資料の関係構造を「相関関係図」として略図にまとめながら、私は学習の焦点化を図ってきた。この、「相関関係図」は学習資料の明確化には極めて有効である。人物、語り手、読者の関係、そして、人物が生きる世界が一目でわかる絵図だからである。しかし、これはあくまでも補助的な資料と位置づけたい。

(3)　再読のメカニズム

作品は作者(作家)の所有物であるという考えがある。作者(作家)の所有物ならば、「作者は何が言いたいのか。」というこれまでの「読解の〈読み〉」が成立する。作家の一義が、唯一の一義となるからである。しか

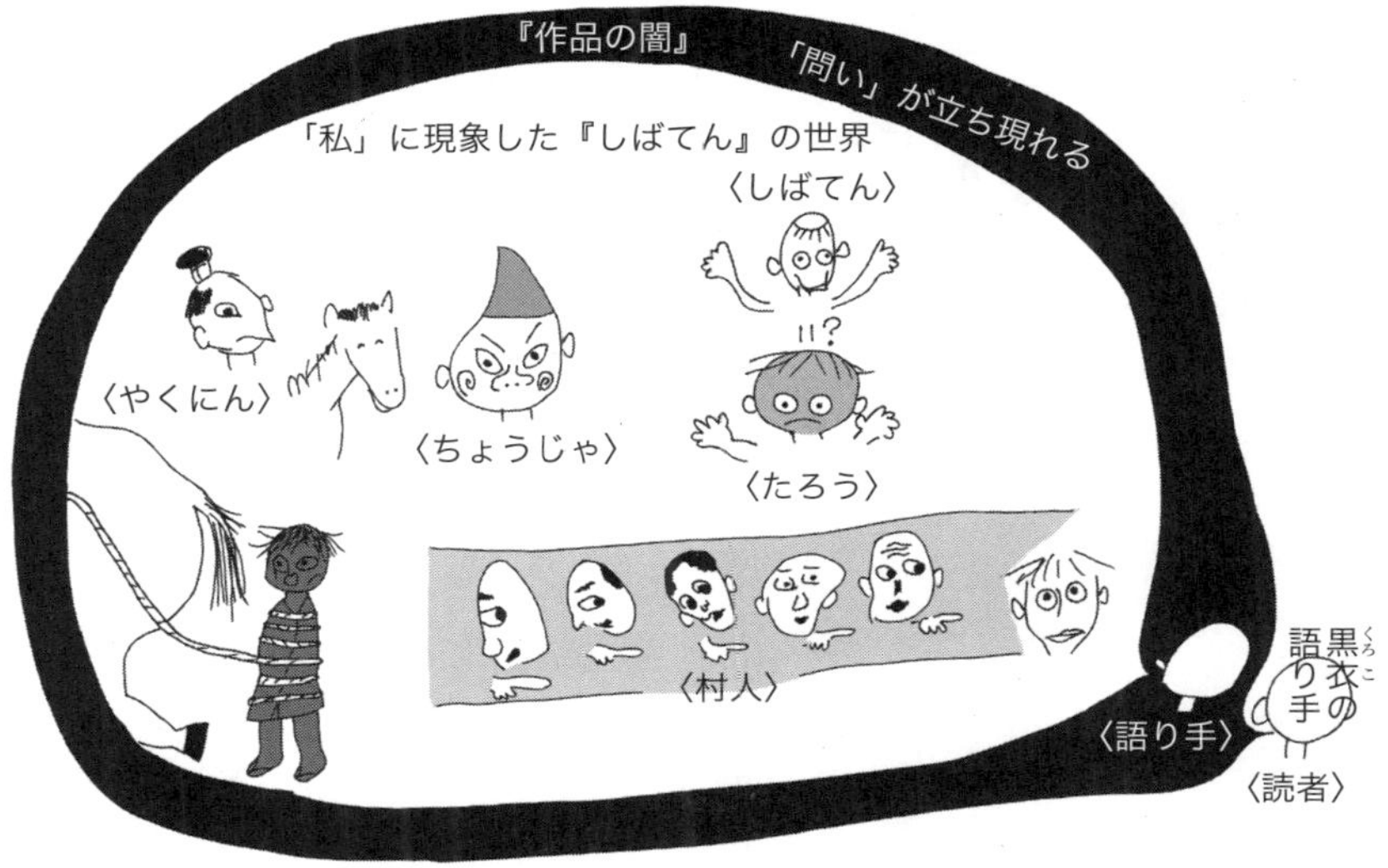

図3　再読と黒衣《くろこ》の〈語り手〉

し、創作という作者の言語行動が終わった後は、作品は商品として、作家の所有物ではあっても、〈読み〉においては作家の手から離れる。代わって読者の〈作品〉が、読者の〈読み〉で生まれるのである。読者が読むことによって〈テクスト〉が立ち上がり、〈本文〉が生成される。これが読者が〈文脈〉を掘り起こし、読者の〈本文〉が生成されていくベーシックな構造である。再読では、初読で創り上げた文脈の〈本文〉から、読者はけっして自由であることはできない（再読では意味の実体としての〈元の文章〉に返ることはできないとする田中実氏の論に私は同意する）。読者が再読で読んでいるのは確かに文章の文字のひと繋がりなのだが、その意味は読者によって剥ぎ取られてしまっているからである。ただ、まだ私には、田中実の第三項網膜論の《原文》[注12]の概念は理屈としては理解できても授業の在り方として得心できていない。

　私自身の〈読み〉の経験を振り返ってみた限りで言えば、再読では、読者は自分の〈本文〉を可能な限り客体化しようとする。もしかしたら違った〈読み〉が成立するのではないかという思いが読者にはあり、読み落とし、読み違いを点検する。それは、「分かったは分からないと不可分」だからである。「分かったは分からない《ホントウ》」を内包している。図3に示したようにそこには私に現象した〈本文〉を問い続ける黒衣の語り手が存在するのである。

すなわち、再読とは自分の〈本文〉に見えない《原作品》があるとして検証する〈読み〉だと私は考える。〈本文〉は、主観の〈テクスト〉を読者が客体化し、無限遠点の《原作品》を掘り起こそうと試みた限界点としてある。したがって、〈本文〉は他者に向かって論証されなくてはならない。つまり感想ではなく、なぜ、そう読めるのかを友だちに説明される必要がある。

4　学習指導過程と実践例

二〇〇二年の六月中旬から七月初旬に、東京学芸大学附属大泉中学校の工藤哲夫教諭が三年生で授業を実践した。今回は全三単位時間と授業に確保できた時間数が少ないため、中学三年生での実践にした。また、各単位時間は、「作品日記」で学習の方向性を仕組み本時の課題を設定することにした。途中に教育実習、期末テストがあり条件は悪かった。だが、子どもたちは意欲的に学習に取り組んだと、工藤哲夫教諭からお聴きしている。また、私も「作品日記」を読ませていただき、そのことを伺い知ることができた。

その全三単位時間の指導過程と抽出した三人の生徒の作品日記を掲載する。

(1)　一単位時間目

①「空中ブランコ乗りのキキ」を読む。

②　はじめの感想を書く

【私の「空中ブランコ乗りのキキ日記Ⅰ」（はじめの感想）**を書く】**

①キキに共感できない（U）

キキは自分の身体よりも人々の歓声の方が大事だと言っていたが、私はその考えに共感することができなかった。人のために何かをする人はそういうことがあたりまえなのかもしれない。

キキの心情がこの作品にはよく描かれているが、四回転しているところだけが、気持ちを表す文が書かれていない。彼女にとって、その歓声はどんなものだったのか？いくら三回転をピピが成功したからといって、初めて成功させたのはキキであることに変わりはない。また、同じ三回転でもキキにしかできない三回転はあるはずだ。今のキキは鳥になってしまい、三回転も四回転も、人に見てもらうことはできない。それこそ、いつかは忘れられていくのではないか。

②キキは勇気がある（M）

空中ブランコ乗りのキキは本当に負けず嫌いなのだと思います。

なぜ、キキが負けず嫌いと思ったかというと、父親が三回転宙返りに失敗して亡くなっているのに、キキはそれをやってのけ、また、ピピが三回転宙返りをやると、四回転に挑戦しようとしたからです。観客の拍手を得たいがために、自分の命をかけられるので、キキは勇気というか決心する力があると思います。

四回転宙返りをしたキキが鳥になるというのは、少しありふれているけど、最後に「もしかしたら、それがキキだったのかもしれない、と町の人々はうわさしておりました。」と書いてあるので、そこは珍しいと思います。

③キキは美しい（K）

鳥のようなキキは鳥になった。キキは美しいから鳥になった。
私はピエロのロロのような性格だけどそれはきっと頂点を知らないからだと思う。頂点はみんなが目指し、夢見る。登りたい、登りたい、手に入れたい。しかし、果たして見ていいものか？　頂点を見たキキの目に下の世界はどう映っていたのだろう。キキは命の長さより質を選び、ロロは命の質よりも長さを選ぶ。どっちが正しいのか、私にはわからない。あと、いいおばあさんはお父さんなのだと思う。

【読んで考えたこと、さらに考えてみたいことは何か。】

① おばあさんはどんな人なのだろう（こじきなのにそんな薬をもっているのか？）
② キキが四回転宙返りにこだわる理由（なぜそこまで人気にこだわるのか？）
③ この町の人はなんでこんなに満足を知らない集団なのか？
④ 白い大きな鳥はキキだったのか？
＊クラスの考えてみたいことはこの四点に集約できる。

（2）　二単位時間目

① 子どもの〈読み〉を構造化した学習資料Ⅰ「空中ブランコ乗りのキキ日記」を読む。
② 「関係相関図」を作成し、話し合いを焦点化する[注13]。

③　「空中ブランコ乗りのキキ」を読む。
④　私の「空中ブランコ乗りのキキ日記Ⅱ」を書く

【〈語り手〉が語る〈キキ〉、〈港町の人々〉、〈乞食のおばあさん〉等の関係にどんな問題が見えてくるか。】

①おばあさんはもう一人のキキ（U）

おばあさんはもう一人のキキだったのではないかと考えられる。理由は主に三つある。

一つは、キキが最も恐れていたことをおばあさんに言われてしまったこと（キキ以外でも三回転はできるのではないか）。

二つ目は、どうしてもできない四回転を可能にしてくれたこと（キキが最もやりたかったこと）。

三つ目は、自分以外の人（ピピ）がついに三回転をやってしまったこと（恐れていたことが本当になってしまった）。だから、おばあさんはもう一人のキキだったのだと思う。キキは自分が一番になるためには本心を隠していた。その本心（恐れ・欲望）がかたまりとなって乞食（＝誰からも好かれない人）となったのではないだろうか。

②おばあさんはおとうさん（M）

・キキにとって観客とは、自分の味方であり敵であると思う。味方というのは、その観客の拍手のためにブランコをやっているから。敵というのは、観客がもっと高いものを求めることによって、キキを苦しめているから。

・観客にとってキキとは、自分の欲求を少しでも満たす手段であると思う。仕事などで疲れた心や体をキキのブランコ姿を観ることでいやしていたのである。だからこそ、満足を知らないのかもしれない。

・おばあさんはお父さんだと思う。だから、いろんなキキのことやピピのことを知っていたのだと思う（ピピのことはキキのライバルとしてとっても気になっていたから情報が早いのかもしれない）。

・おばあさん（お父さん）は観客の気持ちもキキの気持ちも分かっていたのだと思う。

③キキをつくったのは観客の欲望（K）

キキのパパは「空中ブランコのスターだった。」とあるから、キキはこのテントの中で生まれ生きてきたと思われる。キキはテントの中を知りすぎた。テントの中しか知らなかった。自分の存在価値を、観客の拍手でしか感じる（確かめる）ことができなかった。キキの存在をつくったのは拍手であり、観客であった。町の人々がキキを外の世界から閉ざした、と思う。

古い港のこの町。新鮮さや快楽が欲しくて、欲しくてたまらない。集団の波がキキを殺した、と思う。

（3）　三単位時間目

①　子どもの〈読み〉で構成した学習資料Ⅱ「空中ブランコ乗りのキキ日記Ⅱ」を読み合う。

②　学習資料の〈読み〉にしたがって「関係相関図」で話し合いを焦点化する。

③　「空中ブランコ乗りのキキ」を読む。

③　「空中ブランコ乗りのキキ」日記のまとめとして、「私の作品論」[注14]を書く。

【私の「空中ブランコ乗りのキキ」論――この物語の世界、人間の世界を私はこう考える】

①キキは乞食となって人気もない自分に戻った（U）

私は、この前プリントに書いた通り、おばあさんはもう一人のキキだと思う。だから、キキは最終的におばあさん（乞食）になったのではないか考えている。「四回転をしたい」という本心をさらけ出したキキはそれを果たすために、薬を飲んで可能にし、その代わりにもう一人の自分（人気もない自分）に戻ったのだ。

また、白い鳥はあれこそみんなが言う「お父さん」だったと思う。サーカスのテント小屋を上から見守っていた「お父さん」は自分の娘キキも自分と同じ過ちを犯してしまったことが悲しくて泣いて（鳴いて）しまったのではないか。

最後にこの話を読んだ感想。一番最初に読んだときはキキと観客との関係を注目していたが、今は、おばあさんとキキの関係をもっと読みたいと思っている。また、ピピのその後も気になった。ピピは今、世界でたった一人三回転ができる人になったわけである。まだこの話は終わっていない。次はピピの運命が描かれるはずだ。

②キキは白い鳥となって観客の欲望、自分のプライドから抜け出した（M）

キキは本当にブランコが好きだったのだろうか。何のためにブランコをやっていたのか。私は死んだお父さんのためではないかと考えました。キキのお父さんは三回宙返りに失敗して命を落とした。だから、キキはその敵をとるためにブランコをやっていたのだと思った。キキはブランコを好きでやっていたわけではないと思うが、キキのブランコを観た観客は自分の欲求をその技で満たしていたから、満足を知らないのだと思う。

しかし、それにしても限界があると思う。なぜ、観客は人が死んでしまってももっと高いものを求めるのか。人の命より自分の欲望の方が大切だと思っているのであろうか。それぐらい町の人は、厳しい労働をさせられ疲れすぎていたのかもしれない。サーカスの団長も命がかかっている危険なブランコをなぜやらせるのだろうか。きっとお金のためだと思う。私は、あまり団長が良い人だとは思わない。キキの父もブランコで命を落としているのに、またキキにも同じことをさせたからです。

あと、おばあさんはお父さんであると思う。自分（お父さん）は、観客の拍手をもらうことの歓びを分かっているから。乞食のおばあさんの姿になってキキの最もしたいことの四回転宙返りをさせてあげたかったんだと思う。そして、お父さんは一度は亡くなっているから、普通の人とは違って壁を通り抜けたりできるのかもしれないから、四回転は透明人間のようになって観ていたのかもしれない。

最後にキキは白い鳥となって人間の嫌なこと（観客の欲望・自分のプライド）から抜け出したのだと思った。

③この童話の主人公は誰だ？　私達ではないか。（K）

一番最初にこの話を読んだとき気にかかったのは、キキのことよりおばあさんよりロロより、町の人々のことだった。ちょっとドキッっときたのが本当だ。自分とこの町の人々が似ているような気がしたから。人間はみんなこうだろう。町の人々にそっくりだろう。

一見、「キキの物語」のようであるが、これは町の人々、いわゆる今の世の中を言っているのだろう。結局、「空中ブランコ乗りのキキ」物語は、ただの一例であり、この世界、この世、この星では何百、何千、幾万もの「白い鳥」を生んでいるのだろう。日常茶飯事の、とうに誰も気にしない、問題にもしない、欲望と共に消えていく。雲となって、雲のように流れ、消え、この世界に何を残す？　そう問われているように思った。

町の人々の次に気になったのが団長で、この人の言動は全て偽りのように聞こえた。そして、また、これも偽りであふれているこの世、偽りに麻痺している私達に何かを訊いている。

この物語は、あまりにも深く（私にとって）、闇のベールに覆われすぎていて正直よくわからない。だが、私達が生きているこの世界とぴったり寄り添っていて……まるで手を握っているかのように親密……これは今の世界、今のこの世の物語のようである。この童話の主人公は誰だ？　私達ではないか。

[注1]『現代の国語1』中学校国語一年（三省堂、二〇〇一・二）

[注2]田近洵一氏の「教材価値論」である。田近洵一氏は『教材研究論集』田近洵一・須貝千里編（教育出版、一九八三・五）の「教材研究の視点」で次のように述べている。
児童・生徒の実態をふまえた上で、そのような彼らにとって、この作品を読むことにどのような意味があるのか、どのような点で児童・生徒の目を開き、どのようなことばの力を養うことができるかかを問うことである。ほかならぬこの子たちにとって、ことばとの出会い（ことば体験）にどのような教育的価値があるのかが見極められた時、その作品は強力な教材となる。

[注3]この論文で千田洋幸氏は今日の文学教育を批判しこう述べている。
それでもなお文学教育に固執するのなら、最低限次のような認識が踏まえられなければならないだろう。第一に文学の言説は歴史的・社会的な文献と一体のものとして受容されねばならないこと。文学というジャンルは、社会や歴史を語るさまざまなジャンルのうちのひとつなのであって、テクストの読解は、テクストの外部への視点なしにはそもそも成り立たない。「主題」「構造」「視点」「語り」「作者」等の概念や理論にもとづく「プチ文学研究」的な学習は、その作業自体が自己目的化しまった場合無用かつ無効な方法となることを知らなければならない。そして、第二に、全く自明のことではあるが、教室における文学の読解は、学校という制度と不可分に生成されるということ。どのような教材をどのように読み、学習しようとも、それは教室という解釈共同体を支配する「規律・訓練的な権力」（フーコ）から完全に自由でいられることはありえない。というよりも「子ども主体の読み」とか、「感動体験」だとかいった美名のもと

に文学の政治性のもっとも悪しき部分を無自覚に露呈させ、同時に隠蔽してきた元凶こそが国語科教育の場であったのだ。かりに、教室における文学の存在理由を将来に渡って主張しようとするのなら、まずはこの事実を認識し、教師であるところの己の思考が何によって支配され、決定されているのかを自覚する地点から出発しなくてはならないだろう。

[注4] 千田氏の文学教育への批判を真摯に受けとめるが、今後私の立場から反論していきたいと考えている。先行論文として以下の作品論、教材論を、私は読ませて戴いた。それぞれの論文で私が要諦と考える部分を引用しておく。

1　「メタ童話／メタ反童話、ひとつの童話の起源の物語」（中丸宣明『文学の力×教材の力』中学校編一年、田中実・須貝千里編、教育出版、二〇〇二・六）

誤解をおそれずに簡単にパラフレーズすると、かたや人間の長い歴史のなかで語り伝えられてきた昔話やメルヘンのなかに現実を超えたところにある人間の夢ファンタジーの価値を主張し、かたや現実の人間生活のリアルなありようの認識の必要を説く。つまりは、この「空中ブランコ乗りのキキ」は「メタ童話」であると同時に「メタ反童話」であるのだ。

2　「都市のフォークロア『空中ブランコ乗りのキキ』がひらく感性の世界」高野光男（『文学の力×教材の力』中学校編一年、田中実・須貝千里編、教育出版、二〇〇二・六）

こうした語りの地平に立ってこの物語を再読するとき、町という共同体の外部としてのサーカス、その内側で成立する「キキの物語」（「こじきのおばあさん」とキキの交渉もこれに含まれる）という作品の表層の物語とは別の、町の内部、「古い港町」の神話的世界として成立する町の人々とサーカスの関係の物語、いわば町という共同体の外部と内部の「〈交通〉」の物語としての深層の物語が見えてくる。この表層の物語と深層の物語は入れ子型構造としてとらえることができるが、『空中ブランコ乗りのキキ』を読むためには、こうした作品の構造をおさえることが前提となろう。そのことによって、「キキの物語」という主人公主義的な読み方から「『街』の話」という関係の物語へと読みを転換するのである。

[注5] 『現代の国語1』三省堂では〈おばあさん〉（二一九頁・九）となっている。しかし、『黒い郵便船　別役実童話集』三一書房では〈乞食のおばあさん〉（二四頁・一五）である。

[注6]「変身の美学～世阿弥の芸術論～」山崎正和（『日本の名著10　世阿弥』山崎正和編、中央公論、一九六九・一〇）
日本でも古くから遊芸人は「七道の者」と一括されて、正業を持たぬ乞食・非人と同様の扱いを受けていた。（中略）しかも、芸能はこれほど極端に蔑視されながら、一方では聖なる信仰にもっとも深くかかわることを許されていた。（中略）たぶん畏敬と蔑視は同じ理由によるのであって、宗教も芸能も、ともに人間の内部にひそむある狂的なものを代表しているからに違いない。人間は日常生活を理性的に暮らすために、その危険な情念を特殊な身分と、祭日に限られた時間の中に押し込めようとしたのである。

[注7]「読みのアナーキーをどう超えるか―〈原文〉とは何か―座談会Ⅰ」（『文学の力×教材の力』理論編1、田中実・須貝千里編、教育出版、二〇〇一・六）

[注8]「〈本文〉はどこに返っていくのか／10　第三項としての〈原文〉という領域の提起／11〈元の文章〉か、〈原文〉か」の田近洵一、田中実氏の対談　須貝千里氏司会を参照のこと。

[注9]「61　日記」（川口幸宏）（『国語教育指導用語辞典』田近洵一・井上尚美編、教育出版、一九八七・三）

[注10]『日記指導』（亀村五郎、百合出版、一九八七・二）

[注11]『日記をつける』（荒川洋治　岩波アクティブ新書16、岩波出版、二〇〇二・二）

[注12][注7]の座談会において、田近洵一氏はこう述べている。
私も原作品は、読者にとって彼が認知し受容した範囲の作品、つまり田中さんの言葉で〈原文〉としか存在しないと考えています。（一〇二頁・下段一二）
それでも食い違っているのは、私が返っていくところは、実体としての〈元の文章〉だということです。繰り返しますが、私は物質としての〈元の文章〉を見直すことで〈原文〉が揺らぎ、作り変えられると考えています。その時、〈元の文章〉は作り変えられた〈原文〉として読者には意識されるのです。私が「見方」を問題にしているのは、返っていくのは読者によってとらえられ、読者に内在する〈原文〉ではなく、〈原文〉を生み出すもととなるテクストとしての〈元の文章〉だと考えるからです。（一〇六頁下段五）
田中実氏と田近洵一氏の座談会は用語が共有できていないことが、対話の読みとりを難解にしており、まことに残念であった。田近氏は田中氏の〈元の文章〉を実体ととらえている。しかし、〈元の文章〉は物質だとも言う。また、引用前の発言部分では「〈元の文章〉＝原作品」と語っている。そして、〈元の文章〉は、〈原文〉として読者には意識されるとする。しかし、田中氏は、「〈原文〉は『そうした主観性の強い自己化した他者』ではない。」と否定する。田中氏の〈原文〉は網膜に映ったということで実体であり、田近氏の〈原文〉は、田中の〈本文〉である。

［注13］私は、田近氏の原作品に〈　〉を付け、〈原作品〉（＝原テクスト）と考えた。それは初読の文脈から読者は逃れることはできない。原作品（テクスト）には返れない。しかし、体験的に考えるなら、読者は自分の〈本文〉である主観の〈テクスト〉に原作品を求めて読み直す努力をするのである。原作品には戻れないが原作品へ向かおうとする無限遠点に〈原作品〉はあると考える。

田中実氏の小説における「語り」の位置づけによって、私の「関係相関図」はさらに明確になってきた。小説の世界は「語り」が統括している。しかし、「読者」はその「語り」をも対象化できる位置に座している。つまり、「語り」を含めた小説世界を批評することができる。ここに、「読者」の〈読み〉の創造が生まれる。

［注14］田近洵一氏の文学の〈読み〉の学習理論。

〈読み〉を、子ども一人ひとりの「私の作品論」で学習の最後をまとめる。

三　〈子どものことば〉の自立と共生を求めて
――中学二年生が「少年の日の思い出」（ヘルマン・ヘッセ、高橋健二訳）を読む

1　「〈外国語〉としての日本語」を問うことの意味

私は北海道小樽市に生まれた。少年時代は北海道訛であったが、五十余年を、日本語を母語として生活してきた。その私にとって日常生活で日本語を改めて考えることなど、めったにないことである。日本語にどっぷり浸かっている私が、日本語を「〈外国語〉としての日本語」として問い直すことにどのような意味があるのだろう。

私は、日本語によってものコトを考えている。日本語の認識力の範疇でものコトを見ているということである。日本語の枠の中でしか世界をとらえることができないということでもある。だが、一方でことばは絶えず変転し新陳代謝を繰り返している。ことばは生きているのである。守るべき普遍のものとして日本語があるのではない。日本語を使う私たちが（以後、「私たち」とはこの意味で使う）新しいことばを求め、新しいことばが日

本語の世界をきりひらいてきたのだ。

だから、良くも悪くも日本語の現在が今を生きる私たちの世界の質である。例えば、カタカナ単語（外来語・英語等）の氾濫は、資本主義経済の国際化や情報化に乗ってますます加速されていくだろう。すでに日本社会の超消費化は子どもの世界をも呑み込んでしまって久しい。〈子どものことば〉も例外ではない。〈子どものことば〉は子どもの世界そのものなのだ。

「〈外国語〉としての日本語」を問うことは、日本語を外国語と並べて見直すことに違いはないが、それは私たちのものの見方、考え方を国際社会に問うということなのだ。すなわち、それは日本語で世界と対話することに他ならない。片岡義男は次のように述べる。

＊日本語は世界にいくつもある言語のひとつであると云う健全な認識を持つべきだ。
＊自国語を徹底して意識的に学習する、という正しい位置に自国語を置き直すといい。
＊世界の多くにとって普遍的な価値となるようなものを、世界に向けて日本は具体的に提示していかなくてはいけない。

（『日本語で生きるとは』片岡義男、筑摩書房、一九九九・一二・一六）

私は、これらのことばに強い共感を覚える。世界に通用する価値を創造し発信する言語としての日本語。こうした世界からの日本語に対する期待と認知なくして、どうして「〈外国語〉としての日本語」に存在価値を見いだすことができようか。

2　〈学校ことば〉・〈友だちことば〉の向こうに〈私のことば〉を

少々歪曲した言い回しをすると、子どもたちは「〈外国語〉としての日本語」を学んでいるという言い方ができるかもしれない。小学校に入学すると、国語という〈制度のことば〉を子どもたちは学習することになる。幼稚園や保育園までの〈生活のことば〉から、公の話し言葉、書き言葉を強要されていく。社会人として「正しい」ことばを学ぶのである。そこでは、子どもたちは家族によって育まれてきた〈生活のことば〉を〈制度のことば〉に変換しなければならないという問題に直面することになる。私は幸いにも小学校一、二年生の国語の授業に立ち会う機会があるのだが、彼らが感動をどう伝えようかと思いめぐらし発したことばに、〈制度のことば〉からあふれ出てしまったことばを発見することが多い。

「こうやってね、ヤシはぷっかぷっか海をわたってながれついたんです。」
「あんね、トレーラーって、すごいの。あんね、みんな寝てる夜にはこぶんだよ。あんね、電車とか、あんね、ロケットだってはこべるんだよ。」

習志野市立大久保東小学校の一年生、二年生の発言の記録である。〈制度のことば〉に照らしたとき修正される点があるのかもしれない。しかし、わたしはこうした〈子どものことば〉に〈生活のことば〉から〈私のことば〉への原点をみるのである。

ところが、中学生たちは、教師に対してのことば〈学校ことば〉すなわち〈制度のことば〉と〈友だちことば〉を場に応じて見事に使い分けている。子どもたちのたくましく生きる姿をそこに見ることができる。〈学校ことば〉が、子どもの言語生活のリアリティをとらえることができないでいるのである。〈学校ことば〉は空洞化し、〈友だちことば〉は消費文化のことばに翻弄されている。

この学校での二項対立の向こうに教師は子どもたちの〈私のことば〉を育てなくてはならない。ところが、今、子どもたちの〈私のことば〉は彼らの奥深くに引きこもり、出口のない自問自答を繰り返しているように思える。教師は、子どもたちの閉じられたことば、言い換えれば〈自分のことば〉の自問自答を表現の場に引き出さなくてはならない。子どもたちの自信のないあやふやな〈自分のことば〉をそのまま陽の下に晒して、初めて〈私のことば〉として歩き始めるのだ。自分を自覚することが〈私〉の原点である。子どもたちのふやけた？〈私のことば〉をまず教師が受けとめてやらなくてはならない。

私の言う〈私のことば〉とは、自分の公のことばである。私のモラルを伴ったことばとして定義づけたい。それは、エゴとしての〈自分のことば〉とははっきり違うものである。

国語科教育の典範、『国語科学習指導要領』は国際化、情報化社会における国語科の指導目標を「ことばによる論理的展開力と伝え合うことばの力」に求めている。中学校三学年での国語学習は週三単位時間となり、英語の学習時間と同じになった。さらに、教科外に国際交流や情報等をテーマにした総合的学習の時間も新設された。こうした国際化、情報化社会に対応するために作成された今次『学習指導要領』の根幹にある思想は、あまりに明らかである。グローバル市場経済を支える人材の育成にある。それが、新たな企業戦士育成に奉仕するだけの国語教育にならぬことを私は願う。国際資本主義社会で日本が優位なポジションを占め、経済繁栄の捲土重来を図るためにプログラムされた知識や言語技術を教え込む訓練の国語教育になることを危惧するからである。経済至上主義の信仰から目覚めようではないか。

〈学校ことば〉と「〈子どものことば〉の現実」との乖離から教師は眼をそらしてはならない。

3　〈私のことば〉の自立と共生を求めて

日本文学協会第五六回大会のテーマは、「〈外国語〉としての日本語」である。私はこのシンポジウムでの立場を「子どもの自立と共生」[注1]という田近洵一氏の提案を起点に置いて考えることにした。しかし、「〈子どものことば〉の〈自立〉とは何か、〈共生〉とは何か」を私は〈私のことば〉で語らなければならない。すなわち、いかにすれば〈子どものことば〉は自立していくのかという問題である。

国語教育での読解主義、言語技術主義、言語活動主義は意図しないにもかかわらず〈私のことば〉という観点を軽視してきたと私は考えている。これらの国語教育の理念は国語教育は「思想を教育の対象とするべきではない」というものの考え方に立っているところがあるからだ。一見、「公教育が思想を統制するべきではなく、個々人に思想を委ねる」という民主主義の立場であるかのように見える。しかし、立場のない表現はあり得ない。全てのひとまとまりの文章には思想がある。それを無視することは、従順の思想を教育していることなのである。そして、自己を問わないことばの教育に個の思想の自由と自立はない。批評を閉ざし、表現の責任を問わないことばの学習の行き着くところは、愚民教育である。

〈私のことば〉で、ものコトを考え抜くことができない子どもを国語教育がつくっている。

〈共生〉は馴れ合い許し合うことでも、妥協して利益を共有することでもないだろう。まして、力で相手をねじ伏せ自分の意を通すことではない。対話によって自分と相手との違いが、どこまでも突き詰められていく、そのとき初めて、互いに分かり合える部分も少しだけ広げることができるのだ。私は〈共生〉をそう考えている。どこまでも〈私のことば〉を売り渡さず異なるものは異なるものとして、異なるものと共に生きて考え続けていくことである。〈私〉とはすっきりしない矛盾した存在のことではないだろうか。もしかしたら、自分は迷路に入り込んだのかもしれないし、先には大きな過ちがあるのかもしれない。〈私のことば〉で生きることは、そうした先の見えない闇や迷い道を〈私のことば〉のうながしの方向に歩いていくということだ。だが、そこには間違いなく、誰のものでもない私の足で歩いている実感があるはずだ。

〈子どもたちのことば〉が〈自立〉していくためには、自分を守ろうとする殻から這い出て、他者と出会い、どんなに頼りなくとも〈私のことば〉で考え抜くことだ。そうすれば、今の私にとっての一義が見えてくるはずだ。はじめに自分を守るための思想（例えば平和や自由）があるのではない。現実で生じた〈問い〉を〈私のことば〉でとことん考え抜き、それを世界に提示し批評を受け、もう一度考え抜く。そこに私の今の一義としての例えば「平和」が見えはじめるのだ。

私とあなたが絶対同じであるはずがない。違って当たり前だ。その自覚から「〈私のことば〉の自立と共生」が生まれると私は考える。異なるものを異なるものとして自分の中に存在させ問い続けることだ。オレとオマエが同じだったら、オレがオレを生きてる価値がないではないか。私は、子どもにそうした〈私のことば〉を持って欲しいと思う。また、そう励まし続けていきたい。

〈国語としての日本語〉を〈外国語としての日本語〉で問い直すという本テーマにおける問題の在りどころを私はこのように考えている。

「少年の日の思い出」（ヘルマン・ヘッセ、高橋健二訳）の授業における中学生の〈読み〉を引用し、〈国語としての日本語〉を〈外国語としての日本語〉で対象化する観点から、文学の〈読み〉をもう一度問い直してみたい。

4　〈私のことば〉をつくりかえる力――中学生が「少年の日の思い出」（ヘルマン・ヘッセ、高橋健二訳）を読む

（1）　中学生は自分の物語を求めている

中学生たちは切実に〈自分の物語〉を求めている。学校には、自分のことばに自信を失った子どもたちがいる。自分のことばが壊れてしまった子どもたちがいる。ことばを見つけだせず沈黙する子どもたちがいる。ことばは彼らの中に閉じこめられ、もう一人の自分との対話が果てしなく繰り返されている。そんな子どもたちは、自分をひらく〈自分の物語〉を求めていながら、〈自分の物語〉をつくりだせないでいる。

文学の〈読み〉がそうした子どもたちの堅い殻をこじ開け、崩れ落ちそうな〈私のことば〉に命を吹き込み、子どもの〈自分の物語〉をひらいてくれるのではなかろうか。私が文学の〈読み〉に期待するのは、悪や毒など人間の負を包含する他者の存在である。「少年の日の思い出」は「盗むことは悪い」とする中学生のたちのステレオタイプの〈読み〉に〈問い〉を突きつける。

（2）　「少年の日の思い出」とヘルマン・ヘッセ

ヘルマン＝ヘッセ Herman=Hesse（一八七七～一九六二）は、南ドイツのシューバーベン地方のカルプという町に生まれた。

この小品は「ヤママユガ」（山繭蛾 Das Nachtpfauenauge）という題名で一九一一年ミュンヘンの「ユーゲント」という少年雑誌に発表され、その後「チョウチョ」、「少年の日の思い出」という題で新聞の日曜版などに掲載されたものである[注2]。

語り手〈わたし〉と〈客〉は散歩から帰って、湖畔の夕闇がせまる書斎で語り合っていた。幼き日のちょう集めが話題となり、ランプの下で〈わたし〉の収集したちょうを観賞することになる。しかし、突然、〈客〉は「もう結構」とちょうを見ることを拒む。そして、その非礼を詫び、幼き日の思い出を語り始めるのである。それは、〈ぼく〉（幼き日の客）が十歳くらいの時のことであった。その頃、〈ぼく〉はちょうを捕らえる、あの瞬間の陶酔と歓喜のとりこになっていたのだった。ちょうの収集に何もかも放り出し、夢中だった。それは周りが心配するほどの打ち込み方だった。その〈ぼく〉が、二年後のある日、中庭の向こうに住む〈エーミール〉がやままゆ蛾をさなぎからかえしたという噂を聞き、どうしても見たいという思いに駆られて、〈エーミール〉の部屋を訪ねる。先生の息子である〈エーミール〉という少年はちょうの収集に関する高度な技術を持っていた。それだけでなく、あらゆる点で模範少年だった。

彼は留守であった。展翅板に載っていたやままゆ蛾のあまりの美しさに、〈ぼく〉はこの宝を手に入れたいという欲望を禁じ得ず盗んでしまうのである。しかし、途中でかえさなければならないと気づき戻ろうとするが、すでにポケットの中でやままゆ蛾はつぶれていた。

事情を知った母に促され、〈ぼく〉は〈エーミール〉に謝りに出かける。だが、彼は世界のおきてを代表でもするかのように冷然と正義をたてに〈ぼく〉を軽蔑するだけであった。家に戻った〈ぼく〉はベッドの上で自分のちょうを一つ一つ取り出し、その指でつぶすのだった。

(3)〈私のことば〉が〈制度のことば〉に出会う物語——子どもの〈読み〉を追う

①読後感想の典型

＊でも、ちょうを盗んだことはいけないことです

ぼくはエーミールのやままゆ蛾を盗んで、つぶしてしまいました。一人で謝りに行ったのに、エーミールは世界のおきてを代表するような態度で軽蔑し、話を聞こうともしませんでした。その時、一度起きたことは、もうつぐないのできないものだとぼくはさとります。最後には、自分の大切にしていたちょうをみんなつぶして自分のできるつぐないをしたのです。あたりまえかもしれないけど私はえらいと思った。私がもしぼくの立場だったらエーミールにちょうを盗んだことさえ告白できないだろうと思います。エーミールはせっかくぼくが正直にあやまりに来たのに「そうか、そうか、きみはそんなやつなんだな。」なんて、そんな態度をとらないで、もっと優しく言ってやればいいのにと思いました。これが、私の第一印象です。でも、ちょうを盗んだことはいけないことです。（T子）

ちょうを盗んだことは悪いことである。しかし、一人で正直に謝りに行ったのに、〈ぼく〉の弁明を聞こうともしない〈エーミール〉の態度もよくない。だから、〈ぼく〉は自分のちょうをつぶして自分で自分を裁いたのだ。

私の経験では、子どもたちの初めの感想の多くがこうした傾向の内容である。さらに付け加えるならば、〈母〉のとった、「今日のうちでなければなりません。さあ、行きなさい。」と、謝罪をうながす毅然とした態度と、帰ってきた〈ぼく〉にキスだけして何も聞かない行為に感動したことを書く子どもも多い。また、〈エーミール〉には、むしろ黙っていた方がよかったのではないかという意見が出ることもある。

子どもたちは善悪のレベルで、まずこの小説を読む。「〈ぼく〉の罪（悪）は許されないのか」という問題である。この小説が道徳の授業の資料となる理由はここにある。私の授業では、子どもたちのこうした〈読み〉に着目し、「ぼくの犯罪調書づくり」という学習活動をさせて、この事件を検証させることにした。子どもたちは、動機、犯行の事実、犯行後の行動等を調書にまとめた。

②「ぼくの犯罪調書づくり」から

＊エーミールはぼくを脱線させるヤツ

ぼくはこの話をはじめて読んだとき、エーミールがなんだか不思議なそんざいだなと疑問を持った。もう一度読んでみた。それでもわからなくなってまた読んだ。するとなんだかわかってきた「ぼく」が自分に正直にすなおな考えで行動しようとすると、その考えを脱線させるようなそんざいなのだ。美しいちょうをみつけてつかまえるときのこうふんがたまらない。そんな「ぼく」のちょう集めと、金に換えたらどのくらい価値があるかを考えているエーミールが合うわけがない。そんな性格だというだけで、とても腹がたつ。それなのに、先生の息子で四階建ての家に住み、あらゆる点で模範少年というのだからもっと腹がたつ。いかにも眼鏡をかけ、ぼっちゃんがりで、ブレザーかなんかでビシッときめ、片手にぶあつい昆虫図鑑かなんか持ってるヤツだと思う。純な青少年の心をこんなに傷つけるヤツは絶対ゆるせない。（Tヤン）

＊エーミールのどこが悪い

僕は「ぼく」にいちゃもんをつけたい。エーミールは最初から悪者だと書いてあるが、それはどうしてか。ケチの付けどころがないということはいいことだろう。欠点がないなんていいじゃないか。盗みを犯す下劣なやつよりいいじゃないか。だいたい、「ぼく」がどんな考えでちょう集めをしていたか、エーミールにはいまでもわかっていないし、興味もない。分かってるのは、人の家に入ってきて、ちょうを盗んでつぶしたことだ。正義をたてに冷然としていたってあたりまえだろう。エーミールはおまえと遊びたかったわけじゃない。かってに足のないちょうを自慢げに見せに来たりしてどうかしてると思ってた。エーミールを最初から悪徳なんて書いたヘッセもキライだ！（F男）

＊ぼくはエーミールをうらやましかった

前にコムラサキをエーミールに見せたとき、こっぴどい批評をされたのに、なぜまたエーミールに近づいたのかぼくの心が私は理解できませんでした。結局、「ぼく」はエーミールにしっとしていたんだと思います。自分ではできないことをやってしまう。あらゆる点での模範少年だったエーミールをどこかうらやましかったのではないでしょうか。それが「ぼく」が捕まえることだけに夢中になることだけに満足できないで、盗んでしまった理由ではないでしょうか。（D子）

「ぼくの犯罪調書」を検討した学習での動機にかかわる意見である。〈ぼく〉の立場と〈エーミール〉の立場とが対立する中から、この授業では「ぼくはエーミールを憎みながらもうらやましかったのだ。」といったD子の発言は子どもたちに衝撃的であった。〈ぼく〉の妬みが犯行に向かわせてしまったというのである。ちょうにしのび寄り捕まえる喜びに陶酔していたはずの〈ぼく〉にいつしか妬みが培養されていたのである。その自分の醜さに〈ぼく〉は気づいていなかった。

D子の指摘は、善悪のレベルから、〈ぼく〉の熱情の美醜のレベルへ授業を引き上げたと言える。

③盗みの事実を検証する

＊やっぱり〈ぼく〉が悪いんだ

僕は何度も言った（発表した）ようにこの事件は、やっぱりこのぼくが悪いんだと思う。この物語の場合、一般的に言うとぼくも悪いけど、エーミールの嫌みな性格のおかげというか、何というか、そういうことで反省すると読めるが、やっぱりこれはぼくが悪いんだ。「エーミールはぼくの気持ちを考えてやらないで、合法的にいじめる。」というようなことを言う人がずいぶんいたが、やっぱりこれは気持ちも何も関係ない。人のものを盗むと言うことはいけないことなのだ。いくらエーミールにいんけんなところがあるからといって僕は同情しないぞ。（T太）

＊〈ぼく〉はヤママユガを捕まえた

〈ぼく〉はちょうを盗んでしまうほどに、ちょうの収集に熱中しすぎていた。真剣だったんだと思う。おもしろ半分だったら、あんなふうに盗みをおかしたりしないだろうから、やっぱり熱中しすぎていたんだ。盗みをおかしているいるときの〈ぼく〉をていねいに読んでいると、〈ぼく〉はちょう以外何も見えていない。見つめているのは〈ぼく〉なのにちょうが自分を見つめているみたいに思っている。「そうだ。」と思った。「捕らえる喜びに息もつまりそうになり……その緊張と歓喜ときたら、なかった。そうした微妙な喜びと、激しい欲望との入り交じった気持ち……」あのちょうを捕まえた時と同じだ。ぼくはエーミールの部屋で盗んだんじゃなく、捕まえたんだと分かった。あこがれのきれいなちょうを見つめているうちちょっとおかしくなっていたのかもしれない。（〈ぼく〉はそう思ってないけど）

盗んだ後に、「自分は悪いことをした。できることなら何もなかったようにようにしたい。」と思ったのは、

正常な人の考え方だ。〈ぼく〉はちょうの収集に熱中しすぎて悪い夢をみたようなものだと私は思う。（K子）

〈エーミール〉が求めていたちょうの美の価値と〈ぼく〉が陶酔して求めていたちょうの美とでは全く違っていた。「ぼくはちょうを盗んだのではなく、捕まえたんだと分かった。」というK子の発見は、それを聞いた多くの子どもの発見にもなった。〈ぼく〉は〈エーミール〉に何を本当に詫びたかったのだろうか。あえて言えば、盗んだことではあるまい。「盗みをしたという気持ちより、自分がつぶしてしまった、美しい、めずらしいちょうを見ているほうが、ぼくの心を苦しめた。」と彼自身が告白している。

しかし、ちょうをつぶすという結果になってしまったのは、自分の〈エーミール〉への妬みや憎しみであったことには〈ぼく〉は気づいていない。むろん中年になった〈ぼく〉もである。この妬みと憎しみこそ〈ぼく〉の罪そのものだったのだ。

〈エーミール〉が求めていたのは社会的なちょうの美の価値である。〈エーミール〉は幼くして、ちょうの美を〈制度のことば〉で語れる人だったと言えよう。だから、「子供としては二倍も気味悪い性質だった。」という叙述もうなずける。〈ぼく〉はちょうにしのび寄っていくその緊張と歓喜を〈自分のことば〉で語る人だった。それが〈ぼく〉にとってのちょうの美（罪）だった。最後まで〈ぼく〉のことばは〈エーミール〉に受け入れられることはなかった。ついには、「今日はまた、君がちょうをどんなに取りあつかっているか、ということを見ることができたさ。」ということばで〈ぼく〉のちょうへの情熱の本心をも否定されたのである。

そして、この物語は〈ぼく〉がちょうの収集を断念することで閉じられている。〈ぼく〉の〈ちょう〉に込められた美しいことばも封印され閉じられたのである。私のこの授業もここで終わっている。

④再読する――けがれと聖なる世界

＊客は過ちをホントのところどう思っているのか

この小説を読んで、まず感じたことは、最初の場面で、なんで、客は「わたし」に少年の日の思い出を話す気になったかということだ。だれでも嫌な思い出は、一つや二つは持っているものだ。だけど、ぼくはそれを人に話そうとは思わない。ぼくは嫌な思い出はできるだけ思い出さないようにする。しかし、この「客」は「わたし」に思い出を話した。やはり、話してしまって、少しでも気分を楽にしたかったのだろうか。大人になって子どもの時の過ちをホントのところどう思ってるんだろう。少し興味がわく。まあ、このへんは作者ヘッセさんのこじつけかもしれない。（K輔）

私の授業は、善悪のレベルから美醜のレベルへ向かうことで終わってしまった。しかし、子どもの初めの感想を読み返してみると、K輔のように〈語り〉にかかわって言及している文章がいくつかみられる。この小説は再読することで、美醜のレベルをさらに超えることができるのではなかろうか。まさに、K輔が言うように、「大人になって子どもの時の過ちをホントのところどう思っているのだろう。」と問うことによってである。

この〈問い〉によって、「少年の日の思い出」は、盗みとしての〈善と悪〉のレベルから、ちょうへの熱情の〈美と醜〉のレベルへ、そして、幼き日の思い出の〈聖とけがれ〉の原罪のレベルへ踏み込むことになるのである。

わたしたちは、子供や幼い日の思い出について話し合った。

「子供ができてから、自分の幼年時代のいろいろの習慣や楽しみごとが、またよみがえってきたよ。それどころか、一年前から、ぼくはまた、ちょう集めをやってるよ。お目にかけようか。」

とわたしは言った。

彼が見せてほしいと言ったので、わたしは、収集の入っている軽い厚紙の箱を取りに行った。（中略）わたしのちょうは、明るいランプの光を受けて、箱の中から、きらびやかに光り輝いた。わたしたちは、その上に体をかがめて、美しい形や、濃い見事な色をながめ、ちょうの名前を言った。（中略）

「妙なものだ。ちょうを見るくらい、幼年時代の思い出を強くそそられるものはない。ぼくは、小さい少年のころ、情熱的な収集家だったものだ。」

と、彼は言った。

そして、ちょうをまた元の場所に刺し、箱のふたを閉じて、

「もう結構。」

と言った。

その思い出が不愉快であるかのように、彼は口早にそう言った。

（中略）

「悪く思わないでくれたまえ。」と、それから彼は言った。「君の収集をよく見なかったけれど。ぼくも子供のとき、むろん収集していたのだが、残念ながら自分でその思い出をけがしてしまった。実際話すのもはずかしいことだが、ひとつ聞いてもらおう。」

彼はまだ、あの頃の思い出を忘れてはいないことが、再読したとき読者には分かる。そして、今は「少年の

日の思い出をけがしてしまった。」[注3]と、考えていることも分かる。幼き日の〈ぼく〉は〈彼〉の奥深く封印されていたのである。

それにしても、〈語り手〉である〈わたし〉が語るちょうの描写は圧巻である。夕闇に閉ざされたランプの光を受けて、ちょうはきらびやかに光っているのである。まさに、〈ぼく〉の中で罪によって封印されてきたちょうが、今そこにいる。そんな聖とけがれの相為す美しくもあやしいちょうの描写である。それは、幼き日の荒野や庭そして森で待ち伏せていたちょうとは違う闇に輝く美しいちょうである。

⑤〈ぼく〉の〈私のことば〉をひらく——封印された「思い出」をひらく〈客〉

今でも、美しいちょうを見ると、おりおり、あの熱情が身にしみて感じられる。そういう場合、ぼくはしばしの間、子供だけが感じることのできる、あのなんともいえない、むさぼるような、うっとりした感じに襲われる。少年のころ、初めて黄あげはちょうにしのび寄った、あのとき味わった気持ちだ。また、そういう場合、ぼくは、すぐに幼い日の無数の瞬間を思い浮かべるのだ。

初読の時は〈ぼく〉の語りにしか読めなかった叙述が、再読することで、中年になった〈ぼく〉の思いがいたるところで語られていることに気づかされる。K輔の疑問に応える〈読み〉がそこに成立するはずであった。〈客〉は〈わたし〉に語ることでその沈黙の封印を解いたのだ。そして、中年を迎えた〈ぼく〉は、〈わたし〉に語られることによって、深層の中に閉じこめられていた幼き日の〈ぼく〉に再び出会うことができたのである。封印されてきた聖なる世界の幼き〈ぼく〉と、その世界をけがれた思い出として閉じこめた〈ぼく〉が〈わたし〉に語り、それを〈わたし〉が再話することで、ひとつの文脈に繫ったのである。

それは、〈エーミール〉の〈制度のことば〉によって裁かれ、自ら封印した幼き日の〈ぼくのことば〉につながる〈私のことば〉を、中年の〈ぼく〉が再び自分の深層で紡ぎ始めたということだ。

5　ことばの発見が〈私のことば〉をつくりかえる

〈ぼく〉は〈今でも美しいちょうを見ると、おりおり、あの熱情が身にしみて感じられる〉という。〈ぼく〉はちょうを見る度に、幼き日の聖なる世界とそれをけがした自分の行為の意味を自らに問うてきたのであろう。また、授業での子どもたちも作品を〈読み〉返すことで、多くのことばの関係を発見した。そして、友だちの発見に共鳴した。ことばの発見が新しい〈私のことば〉を生んでいくのである。

〈私〉とは矛盾した存在である。その〈私〉の「分からない」を問い続けることが〈私のことば〉を獲得する方法である。〈私のことば〉で考え抜く〈私〉が求められているのだ。そして、〈私のことば〉は、他者との出会いのなかで、ものの見方を発見することでつくりかえられていく。

それは、〈他者のことば〉を〈私のことば〉で考え抜く人間を育む、ことばの教育によって達成されることである。またそのことが、〈国語〉という学校世界に閉じこめられた〈制度のことば〉を壊し、日本語を世界にひらくことになるのだ。

すなわち、日本語での〈私のことば〉によって世界に価値ある発信をしていくことが、「〈外国語〉としての日本語」がグローバル世界で自己実現していく唯ひとつの道なのであろう。

もう忘れただろうか、神戸の淳君事件のことを。最近、私は「少年A」の供述調書を読み返す機会があった。

そこには、わたしに届かない少年Aのことばがあった。そして、テロリストによるアメリカ世界貿易センタービルへの旅客機激突とアフガニスタンへの報復戦争。ことばが届かない世界はますます広がっている。

【注1】『国語教育の再生と創造』（編集代表　田近洵一、教育出版、一九九六・二・三）

【注2】『文学の力×教材の力』中学校編一年（田中実・須貝千里編、教育出版、二〇〇一・六・十七）

【注3】「少年の日の思い出」高橋健二訳（教育出版中1教科書掲載）では「自分でその思い出をけがしてしまった。」と訳されている。しかし、「けがれ」という語は、「クジャクヤママユ」岡田朝雄訳（三省堂中1教科書掲載）では、「ぼくは自分でそれにまつわる思い出を台なしにしてしまったんだ。」となっている。ここでは「けがしてしまった。」は「台なしにしてしまった。」と訳されている。
原典「Jugendgedenken」Hermann=Hesse（Ikubundo Verlag）では「verdorben」という単語があてられており、独和辞典では次のような意味が記述されている。「verderben フェアデルベン」他動詞①（4格の名詞）を台なしにする。使い物にならなくする。楽しみなどをぶちこわす。②（3格の再帰代名詞＋4格の名詞）体の一部（4格の名詞）を傷める。悪くする。③（4格の名詞）を堕落させる。

第四章

言語技術教育批判

――詩「ライオン」（工藤直子）をめぐる鶴田・中村論争

一　詩「ライオン」（工藤直子）［注1］と子どもの思想

1　主義の思想から個の思想へ

私にとって文学教育論は文学作品を豊かに読む上で弊害があるという思いを捨てきれないのである。太平洋戦争中に数少ない文学教材が（国民科国語）の立場の元にどのように味気なくされたか、その一端については本書でも触れた。（一二三頁参照）。太平洋戦争が終わって文学教材が特定の立場から制限を受けることから解放されたと一息ついたのも僅かの間だった。別の立場からの限定を受けつつ、今日に至っているのである。本書は、文学教育史研究の書ではない。文学教材による読解指導を豊かに行うためには、私達一ひとりが文学教育論から解放されなければならない所以を論述したものである。

渋谷孝の『文学教育論批判』（明治図書）［注2］の「はしがき」の引用である。五年程前にこの本を読む機会があり、私の文学教育の立場についてあらためて考えさせられた。渋谷の論の構成は次のようになっている。

Ⅰ　文学作品であることの根拠は何か

Ⅱ　文学研究の理論は、授業を展開する拠り所になるか
Ⅲ　文章を検討することのむずかしさ
Ⅳ　太平洋戦争前後の文学教材と文学教育論の動向
Ⅴ　文学教育論と国語教育論の関係
Ⅵ　文学教材を文学教育論から解放しよう
Ⅶ　読解指導で文学教材の豊かな読みとりを

これで論の筋立ては概ね理解していただけると思う。文学教育に関する渋谷の実に率直な批判が述べられておりたいへん参考になった。また、文学教育論の歴史的評価にも学ぶべき点は多かった。その後、文学教育論擁護の立場からどなたかが反論されるかと期待していたが、私はまだ目にしていないのが残念である。

私には渋谷の批判全てに反論する力も内容も現在持ち合わせてはいないが、実感的文学教育論とでもいう立場から〈思想〉ということを述べてみたい。〈思想〉ということばは今日の国語教育界の中では死語となっていると言えよう。思想アレルギーが蔓延しているようである。その論拠の典型は渋谷の次のような批判である。

「人間教育」のための文学教育という論にも与することができない。「人間教育」などという茫漠とした意味をもつことばを使うこと自体、文学教育論の目標が通俗的な常識論にとどまることの主要な原因をなしている。その上、人間教育としての文学教育とは、結果としては特定の思想教育になりやすい[注3]。ところで文学教育論には作品の価値について一定の立場が先行し、その立場に入り得るものを選び出し、その作品の読み取りを通しての教育が行われるという傾向がある。従って、文学教育論は、文学作品を通

しての教育であって、文学作品の多様な、人生の一断片の世界を読み取らせる文学教材を使った読解指導よりも、窮屈な、一つの限定を与えてしまいやすいのである[注4]。

「特定の思想教育」、「作品の価値について一定の立場が先行し……」に端的に述べられているように、ある政治的立場からのイデオロギーとしての〈思想〉である。そのプロパガンダ的思想教育にかつての（？）の文学教育論は陥っていたという指摘である。

『文学教育論批判』が昭和六二年四月から昭和六三年三月まで連載されていたことを考えると一〇年余の歳月が変えた政治状況も加味しなければならないだろうが、今日、「平和」も「差別」も反体制の立場の独占的スローガンとはなり得ないのである。私には、日本にもやっと〈個の思想〉が直接問われる時代がやってきたように思われる。〈思想〉がイデオロギーの立場のしがらみから解放されることには私も賛成である。もちろん特定のイデオロギーの立場をとる人間があってよい。それも、当然認められなくてはならない。

なぜなら、文学作品であろうと、説明文であろうとある（特定の）立場をとらない文章などあり得ないからである。『文学教育論批判』の書も、明確に一定の立場からのある意味での「文学教育論」である。渋谷の「特定の立場の思想教育をしてはならない」というお考えも一つの立場（思想）であろう。いかなる立場であろうとその立場は尊重されると共に批判もされなくてはならない。

2　読解の彼方へ

「Ⅶ　読解指導で文学教材の豊かな読み取りを」で渋谷は、詩「かなしみ」（谷川俊太郎）の実践例を示されている。

かなしみ［注5］　　谷川俊太郎

あの青い空の波の音が聞こえるあたりに
何かとんでもないおとし物を
僕はしてきてしまったらしい

透明な過去の駅で
遺失物係の前に立ったら
僕は余計に悲しくなってしまった

この詩の〈思想〉を考えるということは、どういうことであろう。〈僕は余計悲しくなってしまった〉という終行を意味づけることと深くかかわってくると私は考える。渋谷の終行の意味づけは次のようになっている。

「僕」がある時、ふっと僕はもう少年ではなくなったのだなと思った。今まで愉しんでやってきた遊びなどをしたいけれども同時に、それに没頭しきれない、さめた「僕」があることを感じざるを得ない。少年の日の「僕」に帰りたい気持ちと必ずしも帰りたくない気持ちの交錯した心情［注6］

……その「かなしみ」は……幸せな少年時代を過ごした人でも味わなければならない決別の悲しみ

なのです[注7]。

主題としてとらえた読みであろうが、私から見るとこれも主観的な意味づけであって、客観的な読み〈読解〉からは逸脱していると考える。たとえば、私だったらこうも読める。

このごろの〈僕〉は自分の醜い内面を思い知らされることがよくあるのだ。窓の外は青空があんなに高いのに……。いつ、どこで、こんな〈僕〉になってしまったんだろう。ふと、幼き日の一枚の黄ばんだ写真が眼に止まる。その屈託のない表情は〈僕〉の〈おとし物〉をはっきり写していた。〈僕は余計に悲しくなってしまった〉幼き日の純粋さを喪失してしまった〈僕〉の切ない感傷的な〈かなしみ〉である。この詩を〈決別の悲しみ〉と考えずに、〈喪失のかなしみ〉や〈感傷的なかなしみ〉ととらえることも可能である。つまり、意味づけは、読者に委ねられているのである。

この詩の構造には、年齢を経るうちに、いつしか失ってしまった〈おとし物〉を読者に問う仕掛けがある。私が学習計画をつくるとすれば、最後にそのことを問うだろう。

○この詩を読んで、例えばどんな〈おとし物〉をあなたは考えましたか

子どもたちが自分の経験とこの詩をどのように結びつけたかについて交流させてみたい。また、それがこの詩の読みとして自然である[注8]。

ところで、渋谷の学習のまとめの部分はこうなっている。

①「僕」は何歳ぐらいになったときの気持ちを表しているのだろう。
②この文章に題目をつけるとすると、どのような題目がよいだろう。

（渋谷の実践では題名は伏せられている）

私は、この二つの学習課題が学習のまとめとして設定されることに読解主義の限界を見る。

①について渋谷は「必ずしも原作者の谷川俊太郎の執筆時の年齢と合致しなくてもよい。ただ、三十歳とか、四十歳と考えるのは正しい理解ではない。」と述べている。が、具体的な年齢を推測させることにどれほどの意味があるのだろう。

②について、題名は伏せて考えさせるより、〈おとし物〉をイメージする手がかりとして明かされていた方がよい詩ではないだろうか。伏せていては〈僕は余計に悲しくなってしまった〉が生きない。終行の〈……悲しい、いい、いい、しくなってしまった〉と題名〈かなしみ〉の漢字とひらがなの表記のちがいに着目させた方が面白いと思う。つまり、渋谷の読解の読みは〈主題〉から〈思想〉に踏み込むのを拒否するあまり、詩を読む素直な楽しみを見失っているのではなかろうか。

3　文学教育に求める個の思想[注9]

私が求める〈思想〉はもちろん、主義の理論体系や知識人のアクセサリーのような舶来理論などのことではない。その人の実生活の諸相を統一しているものの考え方がその人の〈思想〉であるような、誰もが持っているはずの〈思想〉である。これまでも職人には職人気質があったり、台所には女たちのやり方があったりした。

それが封建的だと批判されることもあった。

しかし、今改めて、私の〈家族観〉、私の〈学校観〉というように〈私の思想〉を持たなくてはならないと思う。生きている限り問い続ける課題として、〈思想〉を子どもにも問うべきである。〈思想〉ということばが生活語としてよみがえることを私は願う。

たとえ幼くとも、子どもたちにも〈思想〉（行動や見方・考え方を支える性向）があり、〈理想〉（願い）があるのだ。今の自己（そうとしか生きられないありのままの自分）をまず受容し、その自己を相対化し、矛盾ある自己を変革していこうとする子どもを育てたい。だからこそ、たとえば〈かなしみ〉をことばの概念として教え込むのではなく、状況の中で矛盾をのりこえようて生きようする文学作品の人物の言動をとおして〈かなしみ〉を経験させたい。読むことで、これまで自分が使っていた〈かなしみ〉ということばに、また少し新しい意味が加わり醸成していくような文学の学習を成立させたい。

路傍にたんぽぽが一輪咲いているように、その横に石ころが一つころがっているように、「ごんぎつね」の〈ごん〉を自分の中に存在させていく営みとしての読みの力をつけていきたい。

度の過ぎた悪戯を考えなしにしてしまう〈ごん〉／兵十のおっかあの死とうなぎの悪戯を結びつけ自分を責める〈ごん〉／ひとりぼっちの兵十に自分の境遇を重ねる〈ごん〉／償いを続ける〈ごん〉／兵十に自分の存在を知って欲しいと願う〈ごん〉。

「ごんぎつね」は〈ごん〉のさまざまな顔を語り手の見方をとおして読者に語ってくれる。その語りに引き込まれ同化したり、そうかな？　と客観化したりして、読者は自分の中の〈ごん〉に命を与えるのである。そして、子どもたちは〈ごん〉を生涯の友だちとして確かに得ることになるのである。

不登校、いじめ、そして殺人？　子どもたちの現在が噴出する病んだ症状を突きつけられる度に、学校教育が子どもたちの深い内面の世界と対話する手段を十分持ち得ていないことを思い知らされる。文学の読みが生徒の生きる糧となって欲しい。そういう意味で私は文学教育を国語教育にしっかり位置づけていきたい。

4　詩「ライオン」（工藤直子）の全授業記録[注10]

ライオン

工藤直子

雲を見ながら　ライオンが
女房にいった
そろそろめしにしようか
ライオンと女房は
連れだってでかけ
しみじみと縞馬を喰べた

（1）　授業のねらい

人間はとても我がままだと思う。まるで他の生き物のことは考えていないようだ。理由はバイソンが毛皮として売れるからといって、やたらとたくさん殺しまくったからだ。（中略）
まるで「オツベルと象」にでてきたお金儲けのためなら何でもやる〈オツベル〉と変わらない。

（「オオカミは害獣か」香織の「はじめの感想」）

害獣・害虫という言葉はあくまでも人間から見た立場だから、自然全体から見れば互いに支え合って生きているのだ。そもそも害獣というのは人間だけの生活に害を及ぼすものを言う。害獣という言葉があるのは人間が自分のことしか考えず、自分たちが無事なら他の生物はどうなってもいいという考え方からきていると思う。

この話を読むと自分たちの生活を守るために他の生き物を殺している人間がのっているが、これは絶対悪いとは言えないと思う。その人たちは自分が生活していけなくなるから殺しているんで、遊びで殺しているわけではない。しかし、ここで考えなければいけないことは、自分たちに害を及ぼす動物は悪いから何が何でも殺しまくることだ。このことが自然の生態系を崩すことになってしまう。そして自分の身に禍が生じて、考えてみるとその動物は害獣ではなく、取り返しのつかないことをしてしまったことに気づく。

動物から見れば、自分のことしか考えず他の生物を殺しまくる人間が一番の害獣と思っているのかも知れない。

（『オオカミは害獣か』嘉彦の「まとめの感想」）

「オツベルと象」（宮澤賢治）、「森林のはたらき」（富山和子）、「オオカミは害獣か」（藤原英司）を一学期の中心教材として学習をすすめてきた。

香織の「はじめの感想」にも見られるように、今年の一年生の生徒たちには既習の学習内容を次の学習と関連させて考えようとする姿勢がうかがえた。（小学校での指導の成果であろう）そのことに気づいてから、私もそう仕向けていくように心がけた。定期テストで縛られ、教科書教材を消化することに追われがちな中学校の現場では単元的な学習はなかなかできないのが現状である。この一学期をあえて一つのテーマで括るならば「人間が生きていることとは?」という少し大げさなものになるのかも知れない。

「オツベルと象」では、〈オツベル〉の〈白象〉に対する目論見は、一見、智に長けたものに見える(語り手である牛飼いのオツベルや白象に対する評価もどこか私たちの日頃の価値観に似ている)。しかし、〈白象〉は代償を求めて働いていたのではなかった。それ故に、〈オツベル〉の狡猾な智は〈白象〉には意味のない愚行でしかなかった。〈オツベル〉は、〈白象〉を全く見抜けていないのではないか。そして、〈オツベル〉のたくらみを歯がゆいほど見抜けない〈白象〉にも生徒たちはいらいらした。こうして起きた悲劇をどう思うか——子どもたちは考えた。

また、「オオカミは害獣か」の学習では「食物連鎖」に思いあたった時、生徒たちは本当に新鮮な発見を体験したようである。互いに支え合わなくては生きていけない自然の仕組みを学んだ。

しかし、学習を進めながら、私は何とはなしに納得のいかないものを感じていた。それは生徒たちのものの見方にどこか傍観者の立場があることである。評論家的?　なのである。「ことばで分かっていても、実は分かっていないのではないか」という疑念である。「人間はとっても我がままだ。」という人間の中に一番大事な自分が含まれていないのである。「人間は何と愚かなのだろう。」という人間と自分は違うのである。

こうした生徒たちの学習の様子を見ながら、一学期のまとめの学習で「人間として生きることの矛盾したあり方」をさらに切実に読ませてみたいと考えた。自分とのかかわりで実感を伴った文学体験をさせたいと考えたのである。こうした学習の経過の中で、夏休み直前、工藤直子の詩「ライオン」と出会い、授業を試みることとなった(三単位時間)。

（２）教材分析

①第一の読み

一読してみると、まず穏やかで仲のよい夫婦（中年であろうか）のイメージが浮かんでくる。〈ライオン〉の〈女房〉へのいたわりは優しさがあり、抱擁力あふれるものである。そこに、〈ライオン〉の人物像を読み取ることができる。しかし、その平和で幸せな世界も〈しみじみと縞馬を喰べた〉という終行によって残酷な殺戮をイメージさせる世界に転換してしまうのだ。

しかし、この詩句の関係が醸し出すものは残酷さや不気味さだけではない。どことなく滑稽でもあるのだ。落語の小話の落ちのような構成になっている。この効果が詩の味わいとなっていると言えよう。百獣の王〈ライオン〉がしみじみと縞馬を喰う姿に、私は不器用な中年男の生き方が重なって浮かんできて、何ともぶざまでもあり滑稽で切ないものものを感じる。

しみじみと	＋	縞馬を喰べた

②第二の読み

また、この詩は〈ライオン〉の世界の話から〈女房〉という呼称の窓をくぐり抜けて〈人間〉の世界にも出入りできる構成になっている。生きるためには草食動物を殺して喰わねばならぬという殺戮者〈ライオン〉の牙は〈女房〉という擬人法の窓を通路に私たち人間も貫き通す牙に変身するのである。〈女房〉という呼称に着目することによって、私たち人間もまた「命を喰い生きている」ことに子どもたちは気づいていくことであろう。この事実を生徒たちにイメージとして（言葉の知識としてではなく）実感させてみたいと思う。

「私たち人間も動物の命を奪って生きている」という言葉だけではだめである。生徒たちのイメージの力で詩「ライオン」に命を吹き込んで欲しいのである。そして、〈ライオン〉がまぎれもなく〈自分自身〉でもあることに気づいて欲しいと思う。

③第三の読み

そして、さらにこの詩を①、②の読みを踏まえて読み返してみたい。②の読みによって「動物ことごとく（人間を含め、私を含め）命を奪って生きている。」ことを子どもたちが切実にイメージできるならば、もはや〈しみじみと〉＋〈縞馬を喰べた〉その〈ライオン〉の姿は不気味でも滑稽でもなくなってしまうのだ。

そうした、思いをもって、

雲を見ている　……	ライオン
女房と連れだってでかける　……	ライオン

をもう一度読んでみたらどうイメージが変わるであろうか。

「雲を見ている」ことも「女房と連れだってでかける」ことも、「縞馬を喰べる」（殺戮する）残酷な行為も、同じ一人？の〈ライオン〉の中に存在してしまうのである。人間が生きているということはそういうことである。女房思いの心優しい〈ライオン〉も「命を奪わずには生きられないのだ」ではなく、そういう存在そのものもい、のである。

〈ライオン〉の夢や愛も考えさせてみたい。『てつがくのライオン』である。

（3）　授業の全記録（全三単位時間）

◇第一の読み〈第一時〉

①工藤直子について

・詩人・童話作家

詩集『てつがくのライオン』

②「ライオン」について（既知のことを発表させた）

・百獣の王　・オスはたてがみがある　・アフリカのサバンナにいる　・大草原に棲む

・肉食動物　・メスが狩りをして、オスは縄張りを守る（群れのチームプレー）

・満腹では襲わない　・あだ名は「アフリカ一の怠け者」

T1　それでは、これから一行づつ詩を書いていきますから、みんなは、その時々に思い浮かんだことを言ってみて下さい。題名と作者名は書いてありますから一行目から黒板に書きます。一緒にノートに書くんですよ。

板書　雲を見ながら　ライオンが

T2　どんな様子が思い浮かびますか。
かよ　ええと、天気のよい日にライオンがのんびりと空を見ていると、入道雲とか、きれいなものが見える。
美和　ライオンは「アフリカ一の怠け者」っていうから、いい気持ちでひなたぼっこしている。
拓生　ううんと、「雲は自分の形に似ているなあ」なんて思っている感じ。
T3　三人がそれぞれ想像してくれたように、そんなことをライオンは思っていたのかも知れませんね。さて次の行です。

板書　女房にいった

圭　家族がいる
浩平　オスです。
T3　そうだね。なんて言ったのだろう。
（ニコニコ笑っているがなかなか言葉が出ない）
T4　ヒントあげようか。そろそろ……
C1　餌を捕りに行こう。
T5　近いね。
C2　ご飯を食べよう。
T6　だいたい当たりだな。

板書　そろそろめしにしようか

T7　次の行は
（＊ここでは「めし」という言い方に注目させて次の行に進んだ）

板書　ライオンと女房は

T8　どうですか。この行は?
C3　（笑って）おかしい。（口々に「へんだ」「おかしいよ」……）
T9　どこが?
康夫　両方ともライオンなのに〈ライオンと女房は〉って並べて言ってるから。
圭　〈ライオン〉じゃなくて、〈旦那〉とかにすればいい。だから、〈ライオン〉を直す。
T10　圭君はどうして〈女房〉じゃなくて、〈ライオン〉を直すの?
圭　何となくそう思った。
C4　両方ともライオンだから二匹のライオンにすればいい。
T11　なるほど二匹……。ライオンだから二頭かな。〈ライオン〉を残したらどうなる。
C5　〈雄ライオン〉と〈雌ライオン〉はかな?
T12　そんな感じだね。どうしてみんなが笑い出すようなおかしな書き方されているのかな。
かよ　一行目の〈雲を見ながらライオンが〉と言ったが〈ライオン〉で、二行目の〈女房にいった〉と言ったのが〈女房〉だから。
T13　なるほど、確かにそうなんだよね。でも、みんながおかしいって笑うのはどういうわけ。
友和　〈ライオン〉の話なのに、人間みたいに〈女房〉って言い方しているから。
（みんなうなづく）

＊かよが言っているのは、「ライオンの世界と人間の世界が混同している」ことである。

T14　どうですか？（「いいです」、「同じです」の声）こういう人間みたいに言う表現は国語ではなんて言うの？
C5　（口々に）擬人法。
T15　その通り。じゃあ擬人法を使うと詩はどう変わるの？
C6　人間のことになる。
正美　〈ライオン〉だけど、人物になる。〈白象〉と同じ。
智子　先生が小説や詩は人間を描くと言っていたから、この詩は人間のことを重視していると思う。〈ライオン〉の夫婦のことを描いて人間にたとえている。
T16　よく勉強したことを覚えていましたね。
板書　連れだってでかけ
T17　どういうこと。
C7　一緒に出かけた。
C8　仲がいい。
T18　なるほど、ここまでのイメージをまとめるとどうなるかな？
＊音読・読み聞かせを入れてイメージを生成させる
亜以子　争いごとがなくて平和な感じがする。
圭　家族のみんなが平和でいる。
かよ　この二人の夫婦は仲がいい。
正美　温かくて満ち足りたイメージがする。

T19　いい言葉がたくさん出てきました。そういう世界が描かれているのですね。さて、最後の行です。

（「へええ！」とあまりの短さに驚きの声）

あと、一行しかないのです。この詩は。

板書　しみじみと［　　］

T20　この後、〈しみじみと〉という言葉が出てくるのですが、意味は分かりますか。（沈黙）
辞書を引いてみましょう。（＊しみじみと＝心に深く滲みる様子）
〈しみじみと［　］〉なんですが、ここにどんな言葉を入れたらよいか考えてみましょう。

＊二人に音読させる。この後、五分ほど考えさせた

◇発表された生徒の想像

・歩いていった（20）　・歩き出した（6）　・帰って行った（4）
・離婚した（1）　・獲物を捕りに行った（7）

T21　さあ工藤直子さんはどう書いたか。書きますよ

板書　しみじみと［縞馬を喰べた］

＊空所のねらい
平和な愛の世界から殺戮の世界への転換を印象づけるため。

＊（　）内は共感する者

＊歓声はねらい通りの反応

T22　これは　シマウマと読みます。（＊歓声と大笑い）

C9　なあんだ。

C10　意外と単純だな。

康夫　バカにしているよな。

T23　そうかバカにしてるの。まあ何回か通して読んでみよう。

＊三名の生徒に読ませる

T24　という「ライオン」という詩でした。この詩にどんな感想をもったかノートに書きなさい。

＊二人の生徒の反応は転換の面白さに気づいていない

◆はじめの感想

1　平和な家庭で、仲のよい夫婦がえさをとってきて雌は雄に先に食べさせて自分は後で残りを食べ、それでも何の争いごともないような様子が浮かんだ。人間の世界にもこんな平和な家庭がたくさんあればいいなあと思った。（美和）

2　一番最後を見るとおもしろい詩だけれど、最初から読んでいくと、とても落ち着いた詩だと思う。（「しみじみと」のところが）それは頭に浮かぶ情景がとてものどかなイメージだからだ。とても平和な感じの詩だと思う。（かよ）

3　ライオンどうしの仲がとてもよく、いつも平和にのんびりと暮らしている。しまうまを食べるときもみんないっしょで会話もゆっくりしていて、とても幸せなライオンの家族だなあと思った。（りえ）

4　二匹のライオンはとても仲がよくて獲物をとるのも一緒にとって縞馬に「ありがとう」などと感謝の気持ちをこめてしみじみと食べたんだと思った。心がきれいで優しい。（隆志）

5　ちょっと単純だなあと思った。「しみじみと」と書いてあるけれども、縞馬を食べるのはかわいそうだなあと思った。（毎日毎日食べるんだから平和ではない）（清延）

6　このライオンは静かなところで女ぼうとしま馬を食べたので、本当は、ライオンはさびしい感じで食べたのだと思います。ライオンはしま馬が食べられてかわいそうだと思うから、いつか、自分も食べられてしまうのかと思いながら食べている。（尚美）

7　何となくあっけなかったけれど、何となくかなしい気持ちもある。それは最後の文の「しみじみと」というのが「深く感じて」といういう意味だから、かなしそうだなあと思ったのである。（浩平）

8　しまうまが出てきたら少しざんこくだな？　と思った。同じ動物なのになぜ殺して食べるのだろう。人間も平気で人を殺すのでこういうことを書いたのだろうか。（正美）

9　平和なのに動物をおそって食べなくてはいけないことに「しみじみと」で表したのだと思う。草食動物は草を食べるからいいが、自分たちは肉を食べなくては死ぬので平和をくずしておそわなければいけないことにさびしさを感じたのだと思う。（嘉彦）

10　何か最後で詩のイメージがだいなし！　〈縞馬を喰べた〉なら〈歩いていった〉の方が詩がきれいに感じる。（智子）

11　「しみじみと　縞馬を喰べた」というところは、どうして「しみじみと」したのだろう。どうせだったら、「おいしそうに　生きたままの縞馬を喰べた」とかすればいいのに。（康夫）

12　「縞馬を喰べた」なんて、康夫が言うように、読者を考えさせて……人をバカにしている。（進）

◇第二の読み〈第二時〉

① はじめの感想を発表する（一五名程度）
② 模造紙に　詩「ライオン」を書き、黒板に掲示する。
③ 前時を想起させる。
④ 読む（音読二名）

板書

人間の世界 ↕ ライオンの世界

T1　前の時間に智子さんが擬人法をとらえ「ライオンの世界を描きながら、実は人間の世界を描いている。」と、言ってくれました。そのことをもう少し考えてみましょう。
さて、圭君が〈ライオン〉じゃなくて、〈旦那〉に直すと言っていましたが、〈女房〉の反対は〈旦那〉でなくて？……〈亭主〉と言います。そこで、〈ライオン〉を〈亭主〉に替えてみましょう。

亭主　と書いた短冊を、模造紙の〈ライオン〉の表記の上に貼る。（二箇所）

T2＊　まず、これで読んでみようではないか。
（しばし大笑い）
C2　ちょっとおかしいよ。だって、人間が縞馬なんか喰べない。
C3　〈しみじみと〉だっておかしいよ。

＊ねらい
人間の世界としてイメージさせる。

T3　まあそう言わずに読んでみましょう。

＊二名の生徒に読ませる。（読んでる間も笑いが起こる）

T4　うん、こういうことになるんですね。どうして〈亭主〉ではおかしいのですか？

C4　縞馬を喰べるから。

香織　はい。〈亭主〉、〈女房〉というのは人間だから、縞馬を喰べるのはあまり人間のすることではない。

C5　縞馬を喰べるなんて、人間はしないよ。

C6　おかしい。

T5　人間が縞馬なんておかしいかい？

美和　〈亭主〉と〈女房〉は人間の呼び方だから、動物は縞馬に喰いついてもあたりまえだけど、動物は〈亭主〉とか〈女房〉とか呼ばないからおかしい。

T6　美和さんは呼び方と内容を関係づけて考えてみたんですね。

隆志　〈亭主〉と〈女房〉というのは人間のことを言っているので、それなのに〈連れだってでかけ／しみじみと縞馬を喰べた〉と言うと、ちょっと外のことみたいで吹き出してしまう。

香織　〈ライオン〉を〈亭主〉に直してもまだ直っていないところがあるから、おかしいのだと思う。

T7　何処ですか。

香織　〈しみじみと縞馬を喰べた〉のところ。

C7　縞馬をやめればいいんだよ。牛肉とかさ。

T8　みんなはこれ最後の行がおかしいというのですね。でも、おかしくないという人はいませんか。
(＊みんな考え込んでいる。しばらくして正美がおずおず手を挙げる)
正美　人間も食べ物が無くなったら何でも食べるでしょう。
C8　ええー？(みんな否定的である。)
正美　小学校の先生が言っていたけれど、南アメリカの山の中に飛行機が墜落したとき、生きのこった人は死んだ人の肉も食べたって言ってたから。
康夫　①(味が)まずいんじゃないの？
T9　ちょっと、話はずれたけど、人間を喰べるかどうかは別にして、縞馬だったら喰べてもおかしくないか。
康夫　②唾液たらたら流して喰べるの？(康夫は前時から生きたままかぶりつくイメージである。)
C9　(人間は)馬肉だって食べるからな(発見である)
C10　縞馬が馬肉みたいだったらたべるかも。
康夫　③でも、がぶって噛みついて喰べるかよ。(徐々に雑談になってて聴き取れない)
T11　智子さんその話、みんなにしてごらん。みんなここでおもしろい話ししているんだよ。
智子さんどうぞ。
智子　人間は噛みついてまるごと血だらけになって喰べないからおかしい。
T12　はあ、そういうふうに言うからおかしいわけだ。生きていて、走っている縞馬に人間が噛みつかないものな。
智子　でも……

＊この話が出てくるのは予想外であった。(一九七二年一〇月一二日　ウルグアイのラグビーチームの飛行機が行方不明になり一〇週間後一六名がアンデス山中から生還した。)

T13　でも。
智子　切って売ってる縞馬の肉ならおかしくない。
T14　なるほど「一キログラム下さい。」とかね。
康夫　④本当に売ってるの？　珍しい。
C11　売ってるわけないだろう。
C12　売ってるかも知れないよ。（誰かが、熊の肉とかアザラシの肉とか言っている。）
かよ　私も智子さんと同じ意見です。そのまま喰べるというイメージはおかしくて、ただ「ライオン」という題名だから、いきたままかぶりつくという感じがする。もし〈亭主〉だったら、〈連れだってでかけ／しみじみと縞馬を喰べた〉その縞馬が料理しているのであったら、たとえばステーキみたいに。それだったら人間はレストランだって行くから、〈連れだってレストランにでかけ〉だったらおかしくない。
T14　そう考えれば、ありうることだ。
香織　（突然）先生！　質問なんですけど。〈喰べた〉の口偏のついているのと、いないのとどう違うんですか。
T15　さあ、良い質問が出てしまいました。どう違うんでしょう。
板書　喰べる／食べる
T16　どうでしょう。（沈黙）イメージで考えたら。
康夫　⑤口をもっていって、思いっきり喰った。かぶりついた。

C13　動物が喰う様子。
T17　そんな意味でしょうね。
香織　それは人間と猛獣で使い分けるんですか。
T18　まああんまり「人間が喰べた」とは言わないね。乱暴に「喰った」とは言うかな。
ここまできて〈喰う〉と〈食う〉のイメージの違いに気づいたんですね。
まとめてみましょう。では、〈喰う〉からイメージするのは？
C14　丸ごと動物を喰べている。
C15　縞馬そのものを喰べている。
C16　縞馬自体。
C17　生きたまま。
T19　では、君たち人間の〈食べる〉は？
C18　そのまま喰べない。
C19　死んだのを食っている。
T20　死んだのを食っているんだ？
C20　というか……捕まえて、死んだのを肉にする。
康夫　⑥あの世に送ってから。（笑い）
康夫　⑦供養して……（みんなが笑ってくれたのでさらにうけようとして）
T21　誰が？
拓生　人間が家畜を育てて、大きくなって食べ頃になったら（笑い）捕まえて、切り刻んで肉にする。

T22　だからどういうこと。
C21　殺して、殺してから。
T23　誰が？
C22　人間、人間だよ（口々に言う。）
T24　そうすると、人間も生きてるのを殺して喰っているんだ。
圭　うんと、〈ライオン〉は生きてる奴をその場で殺してから喰っている。それに比べて人間は人間だから家畜を殺して料理するけど、結局一緒のことだと思う。
（＊みんなうなずく）
T25　どうして殺して食べるの？
C23　生きなくてはいけないから（三名程同様の発言）
T26　そう、生きなくちゃならない。じゃ人間は命をつなぐために何を殺してると言えばいいのかな？
C24　草食動物。
C25　自分より弱いもの。
C26　弱肉強食。
浩平　植物を喰べる動物、動物を喰べる動物もいるから、生きているものがいいと思う
T27　なるほど、食べ物は生きていたんだ。
拓生　命ある生き物。
T28　魚も肉も切り身になって売っているときれいだよね。でも、切り身で泳いでいる魚もいないし、パックに入ったまま牛肉が捕れる畑もないんだ。全て、僕たち人間が命を

＊人間が動物を殺して生きていることが、こんなに生徒から出てこないとは意外であった。

もらって食べているんだ。確かに、この詩は私たちが生きているもの、命あるものを殺して生きていることを新鮮に気づかせてくれますね。

◇第三の読み〈第三時〉

T1　さて、この詩を、もう一回、ここまで読んできたことをイメージしながら読んでみましょう。また、違った味わいや見方が出てくるのではないでしょうか。読んでみましょう。浩美さん。

＊浩美が音読し、その後で読み聞かせをした。

T2　ところで、この詩は「ライオン」ですから、縞馬を生きたままがぶりと噛みついた、あるいは、口のまわりは、血だらけかも知れない。そういう残酷な面もあるでしょう。でも、〈ライオン〉のしていることをもう一度読み返してみると。どうですか？
（しばらく、考えている……）

圭　雲を見ている。

T3　そうだ。のんびり雲をながめている。ライオンは夜行性の動物だ。餌を喰うのは？
C1　夕方から。
T4　そうすると、この雲は？
C2　夕焼け雲。
T5　夕焼け雲かもしれないな。〈ライオン〉は何を考えていたのでしょうね。（間）
かよ　〈そろそろめしにしようか〉と言っている。この言い方は〈女房〉にやさしい言い方だから二人は仲がいい感じがする。それから〈そろそろ……〉というのはがっついていなくて、「生きるものの命」のことも少しは考えている気がする。
T6　なるほど。〈そろそろ……〉を私もそこまで考えませんでした。
拓生　ええと、〈しみじみと……〉ってあるから、たぶんだけど、「命あるものを殺していかなくては、生きていけない。」って思っているのではないかと思うから、〈しみじみと縞馬を喰べた〉んだと思うから、縞馬に「すまなかった。」と謝っている心がある。
T7　もう時間が無くなってきました。最後に、この詩は何を描いた詩と言えばいいのか、な。言える人いますか。
C3　〈ライオン〉の生きていく気持ち。
C4　〈ライオン〉の平和と残酷。
C5　生きていくことの全て。
T8　どういうこと。
C6　生きていくことは、命を殺して喰うという残酷な面もあるけれど、美しい心ややさしい心もある。そういうのが生きるということだと言っている。

＊圭は前時が終わってから、「この空は夕焼けだと思う。」と言いに来た。しかし、発言では「雲を見ている。」としか発言していない。私は圭の思いを補足した。

T9　そして、この詩は……ライオンを描いているけれど、それだけでなく……
C7　人間の世界も描いている。
C8　人間の生きていく気持ちにもなる。
T10　そういうことだね。
それでは、これまで学習してきたことの全てを思い返してみて、六分程しかありませんがまとめの感想をノートに書いてみましょう。

(4)　まとめの感想

1　ぼくは「ライオン」の詩を読んで、とても変な感じがした。最初は「なあんだ、くだらない詩だなあ」と思っていました。けれど、だんだん授業をすすめていくと人間と同じように、とてもさびしいような、やさしいような、悲しいような、とてもいい感じでした。
詩に絵の具で色をつける感じでいくとオレンジ色をこの詩を読むと感じます。(頭の中で描く)
生きていくための厳しさが感じられます。
ぼくはこの詩を読んで、人間も動物もみんな同じ生き方をしている。けれど、何かを保護したりすれば、何かが犠牲になる。そんなふうに何か一つだけを救うことはできない。人間、または生物全体の生きる厳しさを感じる。それを考えると何となくさびしく悲しい気持ちになります。(拓生)

2　今まで、ライオンなどの肉食動物は弱いものを歯で喰いちぎり、なんて残酷なことをしているのだろうと思っていた。でも人間も同じことをしている――と言ってもいいと思う。だけど、弱い者は強い者に殺されてしまう。そして、食べられる。残酷なことをしているけど、これは地球上の者が生きていくうえで仕方のないことだと思う。しかし、そういうものもみんな必ず命がある。その命を殺してしまうのだから、大切にしなくてはいけない。それが、詩『ライオン』の中の〈しみじみと縞馬を喰べた〉に表れていたのだと思う。（後略）（美和）

3　このみじかい詩の中に〈ライオン〉の生きてく上での考え方や気持ちが描かれていた。とても平和だが、生きるために生物を殺さなくてはいけないことにさびしさを感じていると思った。人間も〈ライオン〉と同じように生物を殺して食べている。生きていくために殺さなくてはならないのは仕方ない。この〈ライオン〉のように自分が生きるために殺さなければならないことにさびしさを感じたり、また、その生物に感謝の気持ちを持つことは大事なことだと思った。

でも、生きものをたべることによって、自分が生きるということは、自分の中にその生物が生きているということになると思う。自分の命が他の生物に支えられていると考えれば、ただ、残酷だけとは考えなくなると思う。だから、さびしさや感謝の気持ちを持ったのだと思う。（嘉彦）

4　ぼくはこのライオンの生きていく気持ちがようくわかった。ライオンも命あるものをころして生きているけれど、これはどうぶつのせかいのやりかただからしょうがないとぼくは思った。

でも、こうゆうふうに生きていかないとライオンだって生きていかなくちゃあいけないのでしょうがないと思った。（康夫）

5　詩「ライオン」と康夫の思想

この学習での康夫のことは忘れられない。彼は国語学習のような丁寧さや根気のいる教科は得意としない生徒である。でも、思いつくとすぐ発言するクラスのムードメーカーの一人である。人懐っこいが、内気な面も目立つ子どもである。康夫の読みの過程を追ってみると、彼がどのように〈思想〉を獲得していったかがよくわかる。

②**〈唾液たらたら流して喰べるの?〉**〈ライオン〉が縞馬を襲い喰うあり様をリアルにイメージしていたことが読み取れる。③**〈でも、がぶって噛みついて喰べるかよ〉**彼には〈ライオン〉を〈亭主〉に変えても、人間はそうは食べないという思いが強くあった。康夫が、この点に最後までこだわったことがクラスの学習を深めたように思う。④**〈本当に売ってるの?　珍しい〉**からもそのことがうかがえる。

⑥**〈あの世に送ってから〉**⑦**〈供養して〉**という発言からは、彼の正直でありのままの〈思想〉が読み取れる。現代を生きる私たちに食うことは、他のいのちを奪うことだという実感はない。スーパーで目にするのは、衛生的にパックされた肉や魚である。そこでは死の臭いも、殺戮の名残りも見事に消されている。だから、「誰が?」とくり返す私の問いには、人間が動物を殺して食べていることが、こんなにも生徒たちから出てこない意外な思いが表れている。**〈あの世に送ってから〉と〈殺してから〉**では全く認識が違うのだ。

康夫はひらがなの多い短いまとめの感想を書いた。**〈ぼくはこのライオンの生きてゆく気持ちがようくわかった〉**の〈ようくわかった〉のという表現や**〈でも、こうゆうふうに生きていかないとライオンだって生きていかなくちゃいけないのでしょうがないと思った〉**という表現にこの学習で獲得した康夫の〈思想〉が示されている。

そこには〈ライオン〉と〈康夫〉の生きていく者同士の切なく深い共感がある。あんなに、〈ライオン〉と人間は違うと言い張っていた康夫であったが、今は、この詩を読むたびに〈ライオン〉は自分のことだと言い切るに違いない。

【注1】工藤直子少年詩集『てつがくのライオン』（理論社、一九八二）
【注2】『文学教育論批判』（渋谷孝、明治図書、一九八八、二・三頁）
【注3】同右（二五四頁）
【注4】同右（二七二頁）
【注5】『谷川俊太郎詩集』（思潮社、一九六五、七〇頁）
【注6】『文学教育論批判』（渋谷孝、二六四頁）
【注7】同右（二五六頁）
【注8】同右（二五三頁）で〈おとし物〉について、渋谷氏は「……こういう落とし物を、読み手である生徒がするならば、何を意味するものであろうかという方向に進んでいくべきである。」と述べている。私も賛成である。が、授業展開では前半三行だけで〈おとし物〉の意味を考えさせている。
【注9】『経験と思想』（森有正、岩波書店、一九七七、一四～一六頁）
イラリオン・イカールという若い百姓の生涯から「経験」が成熟して思想に至る例を引いている。私の「思想」の概念は森有正氏に多くを学んだ。
【注10】この実践は一九九二年二月、ことばと教育の会「公開月例研究会」で発表した。

二　鶴田「言語技術教育」批判
――「心情主義」批判に答える

1　鶴田清司「中村龍一実践批判Ｉ」――「「心の教育」の前に「読み方指導」を」（要点）

（1）優れた文学作品は、日常生活に安住していた私たちの見方・考え方・感じ方を根柢からゆさぶり、認識の深化と感情の覚醒をもたらしてくれる。これが文学のもつ教育力である。授業では、こうした豊かな文学体験を通して、結果的に、生徒の中に「生命を大切にする心」「他者を思いやる心」……が育つことが期待されている。「心の教育」を否定した覚えはない。

（2）中村の実践は、言語技術教育の欠落した心情主義的な授業である。

（3）「ライオン」（工藤直子）の教材性は、獰猛で食欲旺盛な既成のライオンのイメージ（先入見ないし前理解）が〈しみじみと〉一語によって文学としての新しさ・面白さを獲得している。大江健三郎の言う「手垢のついた「日常の言葉」がまったく新鮮な意味を帯びて、不思議な世界が発見され造形されている。また、足立悦男の言う「猛獣と見られていたライオンに対する「異化（ひねり）」がある。

（4）中村の授業はこの詩を「人間の世界」と関連づけて考えさせようとして、特に康夫という生徒に着目して、彼の「ものの見方」を追っているのだが、ここでの生徒たちの学習は低調である。「人間は縞馬なんて喰べない」「馬肉や牛肉なら喰べる」「切って売ってる縞馬の肉ならおかしくない」「そのまま喰べない」といった脱線状態に陥っている。本文から離れた思いつきの言い合いになっている。

（5）最後に三人の生徒の「まとめの感想」が紹介されているが、いずれにも共通点がある。それは教師の最初の意図「人間として生きることの矛盾した在り方」に近い読みとりができたと判断したからだろう。しかし、これでは「いきるために殺して食う」という弱肉強食の世界、さらに「犠牲」「感謝」といった言葉に表れているような倫理的・道徳的な面が強調されることになる。

（6）〈教科内容〉として「文学表現の原理・方法を踏まえた読み書きの技術」を教えるという観点が欠落していたことが原因である。むしろ、この詩の核心とも言える〈しみじみと〉というオノマトペに着目して、他の表現とのちがいを考えさせるべきだった。

（7）主観的・個人的な〈解釈〉を中心に据えながらも、あわせて客観的・普遍的な「読みの技術」（作品分析法）を使うことを通して、より確かで、より豊かな〈解釈〉に作りあげていくことが望まれる。

（『月刊国語教育』六月号、東京法令出版、一九九八）

＊この鶴田清司氏の論文は『文学教材の読解主義を超える』（明治図書、一九九九・六）にも収録されている

2　学習課題についての異論

『月刊国語教育』東京法令出版の一九九八・六月号の特集で、「文学教育で『こころ』は育つか」という誌上ディベートが組まれ、反対派の立場から「『心の教育』の前に『読み方指導』を」という都留文科大学教授鶴田清司氏の論文が掲載された。その中で鶴田氏は私の『ライオン』の授業（中一実践）を取り上げ批判された。

以上の理由から、この「ディベート」の論題からは多少ずれるかもしれないが、「心の教育」を過大視した文学教育の問題点を指摘することにしたい。つまり、批判すべき対象は、言語技術教育の欠落した心情主義的な授業である。以下では、その具体的例として中村龍一氏の実践を取り上げることにする。

（『月刊国語教育』一九九八年六月号、三三頁）

私は「文学教育で『心の教育』を」と主張しているのではないので、このディベートについては何も述べることはない。しかし、私の実践を「心情主義的な授業」とし「言語技術教育」を提唱する鶴田氏のお考えにはいささか納得しがたいものがあり、筆をとることにした。

自明のことではあるが、学習計画立案の前提に学校生活も含めた子どもたちの世界がある。この子どもたちの世界から学習テーマを私は掘り起こしてきた。また、子どもたちが自分たちの〈今〉と対峙する教材の発掘にも心がけてきた。それは自分と自分をとりまく世界を変革することばの獲得が子どもの国語力であると考えるからである。

例えば〈食べる〉ということばは小学校一年生でもわかるとも言える。しかし、その「わかっている」の内実はその子どもの〈認識の現在〉においてである。そうしたことばの経験の拡大深化をめざす問いを私は学習課題に設定してきた。子どもたちが、既知のことばにさらに深い意味を発見したり、未知のことばとの出会いで、自分の世界を広げる、そんな子どもたちの世界を創造することばの学習を私は実現させたいと考える。

また、文学の読みは何よりまず、作品を読むという言語行為によって成立するものである。文学の読みは語り手の視点（立場）から語られる虚構の世界に同化し、その作品が問いかけてくる問いを自らにも問うという〈読みの経験〉である。そして、鶴田氏の言われる「文学的な認識・表現方法」（私もこの用語を使うことにする）は読者を作品世界に引き込む、あるいは問いを生み出す仕掛けである。一方それは、学習者（読者）にとって意味創造のための装置となる。すなわち、作品を貫く「文学的な認識・表現方法」に着目することは問いを深める有効な手段である。鶴田氏はこう述べる。

　この詩は、私も大学の講義でよく取り上げている。このときに学習課題となるのは文学的な認識・表現方法としての「異化の方法」「オノマトペの面白さ」である。（同三三頁）

私の授業ではこうした「文学的認識・表現方法」が学習課題として読みの前に立ち塞がることはない。私の授業は子どもたちの素直な読みからスタートする。学習課題は読みの過程で明確になってくる。なぜなら、作品がなげかけてくる問いこそ、私の目論む学習課題だからである（ただ一つとは限らないが）。

詩「ライオン」で私が作品の問いとしてとらえていたのは、端的に言い切るならば「人間（私）も生きものを殺して食べて生きているんだ。」という事実の再発見・再認識であった。このことは私の教材分析から引き出されたものである。このことについて鶴田氏からご批判をいただいたが、この詩を読むと言うことは「私たちの〈食う〉という意味を問う」という認識は今も変わらない。私の学習課題は閉じこめられた認識内容ではない。子どもそれぞれが〈認識の現在〉をのりこえていくための認識の方向としての問いである。私と鶴田氏の学習課題の違いは、「文学的認識・表現方法」が子どもたちの文学の読みの過程とどう関わるべきかの違いなのである。

そこで、次に私の学習課題が「文学的な認識・方法」とどうかかわっているのかを、詩「ライオン」の授業経過で述べてみたい。

3　教材分析と授業に対する反論

私はこの詩を三回の読みで授業展開した。

(1)　第一の読み

①語りの視点からの読み

子どもたちと詩「ライオン」の初めての出会いである。私は詩文全体を提示せず、一行ずつ板書し、読ませ、ノートに書かせ、気づいたことを発言させて展開していった。この意図は語りの視点から作品世界に十分同化させるための手だてである。子どもたちは、まず、題名の〈ライオン〉で既知の知識を披露し合った。百獣の王、サバンナ、群れのチームでの狩り、アフリカ一の怠け者等々。ところが一行ずつ読みすすめていくと、実に平穏な世界、仲のよい熟年夫婦ともいいべき人物像が描かれているのである。私は最終行を残し、平和な世界に生きる夫婦愛に満ちた〈ライオン〉像を膨らませ刻んでいった。

②結節点の読み

最終行を残したのはこの行がこの詩の結節点だからである。平穏な世界での百獣の王〈ライオン〉の紳士然とした言動と獲物を貪欲にむさぼる獣の姿がイメージとして重なるからである。相反するイメージがスパークするのである。ここにこの詩のユーモアがあり、読者は笑ってしまうのだ。だが、その後でよく考えてみると、ぞっとして笑えなくなってしまう。このブラックユーモアとも言うべき味わいがこの詩にはある。私は、この結節点の効果をより切実に体験させるために、次のような学習の仕掛けをつくった。

しみじみと　［　　　］

最終行までを十分読ませてあるので、子どもたちのイメージはその延長線上で描かれていった。「歩いていった」「歩き出した」「帰っていった」（以上三〇名）、「獲物を捕りに行った」（七名）、ただ一名がイメージを反転させて「離婚した」が面白いと発言した。

（2）　第二の読み

①擬人法

第一の読みで、智子などから、すでに擬人法の指摘があった。その発言は「ライオンのことを書きながら、本当は人間のことを描いている。」というものである。二単位時間目は詩文を模造紙に書き掲示し、〈ライオン〉

の表記の上に亭主と書いた短冊が貼りつけられるようにしてみた。そして、読ませた。擬人法は〈ライオン〉が〈ライオン〉であり、〈人間〉でもあるという人物像を創出させる装置である。

この時の学習で活躍したのが康夫であった。彼がどうしてもライオンと人間は違うと言い張ったのである。他の子どもたちがライオンと人間の共通点に考えを巡らせていた時、康夫の「唾液たらたら流して食べるの？」「でも、がぶって噛みついて喰べるかよ。」という率直な発言がクラス全体の読みを深めていく貴重な手だてとなった。また、〈食う〉と〈喰う〉の違いを発見するきっかけを生んだ。鶴田はこの場面を「学習は全般に低調である。」「多くの場合、本文から離れた思いつきの言い合いになっているのである。」と酷評されたが、私はこの時の学習が一番楽しかった。子どもたちは自分の全ての知識を想起し、この詩の問いである人間にとって〈食う〉という行為を考えていった。一見低調に思えるのも子どもたちが互いの発言を真剣に考え、ことばを探していたからである。

鶴田のことばを借りて言うならば擬人化という異化の方法により、「手垢のついた『日常のことば』がまったく新鮮な意味を帯びて、『不思議な』世界が発見され造形されて」（同三四頁）いく過程が実現されていったのである。

（3）　第三の読み

①再読する

二単位時間目が終わった後、一人の子ども（圭）が私のところに来て「ライオンは夜行性の動物だから、あれは夕ご飯だよね。」と質問してきた。「すると、夕焼け雲かな？」と言うのである。私はハッとした。私はサバンナの青い空を想像していたからである。この子どもの発見に感動を覚えた。この雲が夕焼け雲だということはむろん断定できない。しかし、この詩をそう読んだ方が味わいがあるとも言える。私はこの子どもの発言を引き出すところから三単位時間目をスタートした。

最後まで読み終えてもう一度最初から読み直してみる。すると見えなかったものが見えてくる。それが、再読の面白さである。この詩は〈ライオン〉の繰り返される日常を描いたものである。〈しみじみと縞馬を喰べた〉その〈ライオン〉は次の日も雲を鑑賞し、そして女房に優しく語りかけるのである。〈ライオン〉の本性は残酷なのか優しいのか……。その両方なのである。私の授業が「食肉行為」を一面的にとらえたものだという鶴田氏の指摘は的はずれである。

4　鶴田「言語技術教育」批判

私の場合、最初に〈しみじみと〉の部分を空欄にして提示する。そして、どんなオノマトペ（擬音語・擬態語）が入るかどうか」と発問する。（同三三頁）

鶴田のこの講義では、学生たちは「ムシャムシャ」「パクパク」など例外なく「獰猛で食欲旺盛なイメージ」を挙げたという。それを鶴田は「既成のライオンのイメージ（先入見、ないし前理解」に引きずられている。」という評価をしている。しかし、私はそうは思わない。学生たちは最終行前までのイメージが最終行によって転換される対比として構造を読みとったのだと思う。落ち着きのある〈ライオン〉の夫婦が「ムシャムシャ」「パクパク」喰べる、その対比の関係が面白いと思ったのであろう。

私は、鶴田がこの詩の構造を支えている「異化の方法」は何かという発想からオノマトペに着目したのではなく、言語技術としてのオノマトペの学習のための教材として「ライオン」を取り上げたところに問題があったのではないかと思う。なぜなら、異化されたのは〈しみじみ〉ではなく、〈喰べた〉だからである。

「百獣の王」と言われる獰猛で威厳のある〈ライオン〉が妙に人間臭く所帯じみて見えてくるところが新鮮で面白いのである。長年連れ添った夫婦のイメージ、子どもがみんな成長・自立して悠々自適な生活を送っている老夫婦のイメージに転換していることである。「ひねり」によるユーモア（作調）と言ってもよい。（同三五頁）

確かに、「ライオン」という題名からイメージするライオンの常識を覆す語り手の〈ライオン〉の言動に対する見方がこの詩のユーモアを支えている。〈ライオン〉が雲を鑑賞するだろうか、〈女房〉に「そろそろめしにしようか」なんて言うのだろうか。どれも、語り手が〈ライオン〉の言動をそう意味づけたのである。威厳と風格のあるライオンであればこそ、その行動はなんとなくそう見れば見えてしまう。そう見えてしまう世界がユーモラスに描かれている。しかし、語り手のものの見方をのりこえて、さらに昇華させる装置が作者によって仕組まれている。それが擬人法であり、イメージの反転による結節点である。これがこの詩にとっての「異化の方法」なのだというのが私の考えである。これは言わば見えない世界を見るための装置と言えよう。この詩の価値は単に獰猛であるライオンを人間臭く描いたユーモアに止まるものではない。平和で満ち足りた生活をしている〈ライオン〉は、また残酷な殺戮をする〈ライオン〉なのだという生きるもののさがを私たちに問いかけてくる作品である。

文学教育がめざす「文学的認識」や「感動体験」を導くためには、「文学表現の原理・方法をふまえた読みの技術」が不可欠である。自己流の恣意的な読み方ではだめである。（同三三頁）

文学作品を読むためには特別な技術を取り出し、教え込まなければならないとは考えない。素直に読めばいいのである。前に述べたように、文学作品には鶴田氏の言う「文学的認識」や「感動体験」に導く装置が仕組まれている。読者が自然に読みすすめていけば、この仕掛け（装置）にのせられ引き込まれるようにできているのが優れた作品である。子どもたちがこの装置の効果に気づくならば、さらにすばらしいことである。私の「ライオン」の授業では「擬人法」がそれである。

しかし、それは作品を読むことのかかわりで「表現の特徴」として気づいたり発見したりすべきものである。問いがないのに技術を教えても残るのは形骸化された技術であることが多い。学ぶ側から言えば、擬人化による意味発見や感動の体験が重ねられることで擬人化ということばが熟していくのである。先に言語技術があるのではない。言語技術の習得のために読むことは読みの体験を限定させ痩せさせることになる。このことが国語科のスリム化だとすれば愚かなことではないか。

5　鶴田清司「中村龍一実践批判Ⅱ」――「言語技術教育は思い入れの読みを排す」（要点）

（1）この詩のテーマは、所帯じみたライオンの醸し出すユーモアが中心である。老夫婦がいつものように卓袱台《ちゃぶ》に向かい合って御飯を食べるというイメージである。これは百獣の王と言われるライオンの威厳ある姿とはかけ離れている。こうした「ひねりによるユーモア」が本作品の最大の教材価値である。

中村の「人間（わたし）も生きものを殺して食べて生きているんだ。」という事実の再発見・再認識であった」は明らかに思い入れの読みである。言語技術教育はこのような読み方を排除する。「ライオン」で言えば「声喩《オノマトペ》」や「作調《トーン》」などの〈分析〉である。中村の「作品の問い」には根拠がない。恣意的な〈解釈〉を生む。

(2)中村の授業では、〈しみじみと〉ではなく〈喰べた〉の部分を空白にして考えさせているが、おそらく食肉行為に着目させるという意図によるものだろう。しかし、中村が言うように、この詩で〈喰べた〉という言葉が異化されているとすれば、それは〈しみじみと〉という声喩による連用修飾のせいである。

(3)中村は最後の一行を「イメージの反転による結節点」と言っているが、「イメージの反転」など生じていない。なぜなら、ライオンが縞馬を喰べるということはありふれた事実だからである。また、三行目の〈めしにしようか〉という表現から〈縞馬を喰べた〉は十分に予測できるからである。ここに新しい発見はない。中村は〈しみじみ〉を軽視している。

(4)〈ライオン〉という文字の上に「亭主」という短冊を貼って読ませたことの問題は本文の変形であり、〈縞馬を喰べた〉を不自然な形で浮いてしまい、全体との齟齬をもたらした。「ライオンと人間は違う」（康夫）という発言に見られるように、生徒がなかなかこの「詩」を人間世界と結びつけられなかったのはそのためである。

(5)学習課題の設定における教師の役割について、中村は「私の授業は子どもたちの素直な読みからスタートする。学習課題は読みの過程でしだいに主体的、かつ明確になってくる。」と言う。しかし、「ライオン」の授業に関して言うと、先にも述べたように「教師による作品の問い（「主題」）の決定→学習課題の設定」という逆方向性が認められるのである。しかも、その主題のとらえ方が不適切だった。

（6）中村の「素直な読み」は非常に楽天的な見方である。「自然に」読むことは、逆に恣意的な〈解釈〉をいくらでも許すことになる。また、百歩譲って、仮にそうだとしても、生徒が「装置の効果」に気づかなかったらどうなるのか。むしろ、その方が可能性としては高い。だからこそ、それを〈教科内容〉として」取り出して系統的に教えていく必要があるのだ。中村の指導は無計画で場当たり的な指導である。

（7）中村の言う「問いがないのに技術を教えても残るのは形骸化された技術であることが多い。」は一般論であり、鶴田は「形骸化された技術」を最も警戒している。だからといって「先に言語技術があるのではない」というのは短絡的である。基本的な言語技術をまえもって明確化・系統化しておくことが必要である。

（8）中村は「言語技術習得のために読むことは読みの体験を限定させ痩せさせてしまうことになる」と述べているが、これもよくある言語技術教育に対する誤解である。「この作品はこういう言語技術を（読み方）を教えるのにふさわしい教材である」という判断の裏には、その技術の適用によって作品理解が深まることが前提となっている。作品をダシに使うことがあってはならない。〈分析〉の技術こそが、文学の授業の〈教科内容〉の軸となるべきである。それは日常の読書生活の中では自然に習得できないからである。国語科授業の存在理由はそこにある。

（『月刊国語教育』二月号、東京法令出版、一九九九）

終章

物語と格闘する読者

子どものことばの深層に《いのち》の声を聴く

かって鶴田清司氏と論争[注1]になった詩「ライオン」（工藤直子）の私の実践論文について、堀祐嗣氏からご批判[注2]をいただいた。私の論文[注3]を丁寧に分析され、私の実践がいかに理論と乖離しているかが厳しく論じられている。この二〇年で私の考えも少しずつ変遷してはいるが、本論では鶴田氏からのご批判を視野に入れながら、堀氏に答えてみたいと思う。

1　意味世界の無化を潜って——詩「ライオン」（工藤直子）を読み直す

詩「ライオン」（工藤直子）と私が出会ったのは『文芸研選書2　現代少年詩論』（足立悦男、明治図書、一九八七・二）であった。足立悦男はすでに『新しい詩教育の理論』（明治図書、一九八三・八）を上梓していた。これまでの抒情詩中心の鑑賞指導は「感じ方の詩教育をめざしてきた」として、足立はこの詩教育観を批判した。「感じ方には理論が通りにくい。……詩教育という意図的な教育営為、理論的な構造を持つ必要がある。」として、叙事詩中心の「見方の詩教育」を主張する。

この「ライオン」（工藤直子）の実践には、当時文芸研の会員であった私が、『国語の手帳』（十一—十一月号、明治図書、一九八九）の特集「いのちを教える3」の依頼を受けて、足立がノンセンス少年詩として『現代少年詩論』に紹介していたこの詩に興味を持ち授業したという経緯がある。

足立は詩「ライオン」をこう読んでいる。

たとえば次のような作品に、ノンセンス少年詩の可能性が暗示されているといえないだろうか。岸田今日子編『日本のライト・ヴァース、いどの中』（一九八一、書肆山田）にも収録された一編である。ライト・ヴァースとして選ばれたものらしいが、明らかにノンセンス詩である。しかも、そのノンセンス性の質はかなり高いとみてよい。

意味と無意味の関係に緊張感がある。ライオンがシマウマを食うという行為は、彼らにとってあたりまえのことに属する出来事である。出来事としてみれば、ただそれだけのことが描かれているのであるが、しかしその描かれ方において、日常的な意味の世界が反転させられている。〈雲をみながら〉ライオンがいう、〈そろそろめしにしようか〉と。ライオンと〈女房〉は〈連れだってでかけ〉、そして〈しみじみ〉とシマウマを喰う。その描かれ方においてライオンの日常的な意味の世界が崩され、日常性をこえた無意味の世界へと、自然な形で反転している点に注目できる。

この詩に描かれているのは、ライオンであってライオンでない。その描かれ方からして、当然人間の夫婦が重ねられている。静かでおちついた夫婦が食事に出かけていく光景がダブってみえる。ところが、その光景は、〈しみじみと縞馬を喰べた〉の終行で崩されてしまう。実に不気味な一行である。意味の世界を破って無意味の世界が、そこに顔をのぞかせる。人間の夫婦のようであって人間の夫婦でもないという、ダブルイメージの世界である。センスからノンセンスへの、このような実にみごとな反転がこの詩にはみられる。すぐれたノンセンス詩といえよう。

（前出『現代少年詩論』）（傍線筆者）

足立は「ライオン」をノンセンスの詩であるという。そして、その「ノンセンス性の質はかなり高い」とみる。

ノンセンス詩とはなんであろうか。足立の定義はこうである。

高橋康也『ノンセンス大全』（晶文社、一九七七）によれば、言葉遊び・だじゃれの類は「ナンセンス」であり、「ノンセンス」はそれと区別されて、「センス（意味・常識）の逆転を試みるもの」と定義されている。前者は「意味の無い状態」、後者は「意味を無化する方法」だとされている。……つまりノンセンス詩は「意味のない状態」なのではない。意味的世界の逆転をねらう、極めて理知的・論理的思考に支えられた詩となる。

（前出『現代少年詩論』）

コルネイ・チュコフスキーを引き、「さかさ歌のおもしろさが、それとして楽しめるためには「物の相互関係の実体」を理解していること、つまり、「正しい対位関係」の理解が前提となる」（『2歳から5歳まで』理論社、一九七〇）を基底に、ノンセンス詩は私たちの「センス（常識）の意味世界」を逆転して見せてくれると言うのが足立の「見方の詩」である。そこでは「見方の反転」が要諦となる。しかし、「ライオン」は、「意味世界の逆転」ではなく、「意味世界の無化」が語られている。ことばの向こうが語られている。そう私はこの詩を読んでいる。足立は高橋の定義をとらえ損なったのではないかというのが私の見解である。高橋はノンセンスを

「意味の逆転」より「意味の無化」に比重をかけて定義しているからである。「ナンセンスが《意味のない状態》をさすとすれば、ノンセンスは《意味を無化する方法》のことである。そして、また、このとき無化されるのが《日常的意味》だとすれば、その空無の中から、別種の、おそらく名づけようのない、新しい《意味》を出現せしめる方法のことである。」（前出『ナンセンス大全』）と述べている。足立は、「その光景は、〈しみじみと縞馬を喰べた〉の終行で崩されてしまう。実に不気味な一行である。意味の世界を破って無意味の世界が、そこに顔をのぞかせる。」と正しくとらえながら、反転の意味が「正しい対位関係」では対抗概念になってしまうのである（私もかつての論文で擬人法を強調しており前言を撤回する）。

そうではなく、終行はこの詩の意味の無化の方法（深層の入り口）としてある。〈しみじみと縞馬を喰べた〉によって詩は意味の深層、無限遠点の渦に吸い込まれて《意味の零度》を成している。その意味で、足立の言う「不気味な一行」に全く同感なのである。

一方、鶴田は「ライオン」を次のように〈解釈〉する。

この詩は『てつがくのライオン』という詩集に収められているが、他の作品を読んでも、そんなに深遠なテーマ性は感じられない。他の詩集も同様である。作者自身がコピーライター出身ということもあって、ユーモアと優しさと明るさをベースに、現代風の軽《ライト》い感覚で描かれている作品が多い。……この「ライオン」という詩を見ても食肉行為についてのリアリティや深刻性は感じられない。読者が持っているライオンと縞馬の関係についての知識（前理解）はあまり喚起されない（むしろ薄められる）仕組みになっているのである。弱肉強食の世界を今さら問題にするような野暮な作品ではない。むしろ、所帯じみたライオンの醸し出すユーモアが中心である。老夫婦がいつものように卓袱《ちゃぶ》台に向かい合ってご飯を食べるというイメージである。これは百獣の王と言われるライオンの威厳のある姿とはかけ離れている。こうした「ひねりによるユーモア」が本作品の最大の教材価値である。

（鶴田清司「言語技術教育は思い入れの読みを排す」『月刊国語教育』二月号、東京法令出版、一九九九）

鶴田がこの論文で指摘したように「タイトルにもなっている「てつがくのライオン」は「てつがく」が気に入っている一風変わったライオンの話である。また、「夕陽のなかを走るライオン」は、独りぼっちで涙ぐんでいたライオンが縞馬と友だちになる話である。ライオンの日常性の次元を超越した、作者独特の生き物世界である。」と言えるのだが、それは叙事詩の表層の物語《ストーリー》である。子どもたちの物語世界では動物やものが擬人化されるのはありふれたことであり、鶴田の「ひねりによるユーモア」に詩への通路、日常のことばを聖化させる超越性はない。私の授業でも子どもたちは擬人化されたライオン夫婦がいたわり合う姿をユーモラスなライオンの物語として自然に受け入れている。子どもの物語はきつねが騙したり、熊が優しかったりするのは物語世界の日常的出来事なのだ。

この詩の〈読み〉にコピーライターであったという作者の出自を持ち込むのは論外だが、「所帯じみたライオンの醸し出すユーモアが中心」の詩ではない。威厳ある百獣の王、ライオン夫婦が卓袱台で「しみじみと」食べている姿が笑えるというユーモアの詩ではないのだ。

鶴田は大著『〈解釈〉と〈分析〉の統合をめざす文学教育　新しい解釈学理論を手がかりに』（学文社、二〇一〇・三）を上梓した。読書行為において、「①〈解釈〉と〈分析〉は互いに補い合う。②〈分析〉は〈解釈〉を展開させる上での媒介的契機を与える。③〈解釈〉は〈分析〉を包含する。」（筆者要約）を〈解釈〉と〈分析〉の三原則とし、それはそれぞれ関連し合っていると述べる。さらに、この原則を生かすためには基本的に、「〈解釈〉→〈分析〉→〈解釈〉というプロセスで読みが深まっていくことが望ましいのである。ここでは〈分析〉は〈解釈〉のための［中間項］としての役割を果たしている。」（前出五四一頁）と〈読み〉のメカニズムを示した。これまでの鶴田言語技術論がより洗練されてものとなっており、まず〈解釈〉から入る点等多くの示唆を受けた。それでも〈分析〉のコードがアトランダムすぎる。鶴田は「読みの技術一覧」（系統試案）（前出四五五頁）で言語技術用語を五項目三一事項抽出し掲げている。しかし、少なくとも「〈読み〉の原理」に関わる「語り手」「聴き手」、「人物・もの・コト」と、「色彩語」、「呼称」、「話法」等の「〈文脈〉の遠近法」を担う用語は分別されるべきである。私は、「〈読み〉の原理」こそ、まず学ばれなければならないと考えている。その上で、「色彩語」や「話法」のレトリックは生きる。

鶴田と私の「ライオン」の授業の仕組みの違いもここに関わる。くどいようだがもう一度、詩を読んで欲しい（P186・187参照）。

この詩の要諦は最終行にある。そこは、足立、鶴田、中村で一致している。論争は、鶴田が「しみじみと」を空所とし、中村が「縞馬を喰べた」を空所とした違いのように一見するととらえられる。しかし、中村の「空所」は授業者が持ち込んだ〈文脈〉へ誘う落とし穴ではない。鶴田の空所は「オノマトペ」を言語技術として詩「ライオン」で学ばせるための落とし穴である（ただ、鶴田はこの詩が詩である眼目はこのオノマトペの解釈にあると読んでいる）。中村の意図は詩の〈読み〉の核心、《詩句の零度》への入り口である。詩は、ことばの向こうをことばにしようとする文芸である。私たちの手垢にまみれた常識のことばを一旦無化し、ことば以前から再び光をあてて考えさせるのが詩である。

私は、一行目から五行目までが全て「しみじみと」に織り込まれ畳み込まれていくと読む。一行目から五行目までは「しみじみと」とに収斂される表層の物語、出来事である。「縞馬を喰べた」がこの表層の物語の深層へと誘い込む、足立の言う「不気味な」穴なのである。そこには（私の授業でも子どもが指摘したように）「食べた」と「喰べた」の表記の問題がかかわる。そこから、詩の位相での「縞馬を喰べた」と「しみじみと」の比喩の関係が、初めて再度浮上するのである。人間の文化としての「食う」に獣のライオンの「喰う」が接続され不気味な「クウ」の落とし穴に読者は落ち込んでいく。私たちの制度のことばである「食う・喰う」を瓦解させ、「クウ」に立ち返る「意味世界の無化」が起こる。「クウ」とは何なのであろう。それが、この「ライオン」が詩であることの証しである。そこから改めて人間やライオンの「食う・喰う」問題が問われるのである。

2 私の〈個の思想〉の原点

今、私が〈個の思想〉という用語をあえて使うことは少なくなった。それはポストモダンの風潮の中で思想は個に属すると誰もが考える時代になったからである。ただ、空気を読む日本のポストモダンには問題がある。ここでは触れないが〈個の思想〉に公共性を厳しく求めようとしない、差異を楽しむ消費文化の個性に薄められてしまっている。

私と堀祐嗣とは、言語観や〈読み〉の根本概念が違っている。堀は書いてある文・文章に意味が貼り付いていると考えている。私は表記そのものに意味があるのではなく、表記から想起する読者のことばの経験から意味は生まれると考える。つまり、意味づけは思い込み、虚偽を逃れられない。この違いである。つまり、「愛」という表記に客観的意味が貼り付いているのではなく、「愛」という表記にまつわる私のことば経験の想起が意味を生成しているのである。それは、物の名前の「りんご」でも同じである。確かに日常生活では「りんご」は一定の果物を指し示す。それは、生活上のことばの約束事による範囲のことである（これは社会生活言語として大切だ）。しかし、そこを越えた「りんご」の意味はやはり私のことば経験から生まれる。

例えば、工藤直子の「ライオン」という詩がある。これまで、「詩の意味は詩の文字の羅列に埋め込まれている。しかし、未熟な読者である子どもたちにはなかなか正しく読み取れない。」、そう私たちは考えてきたのではなかろうか。教室では未熟な子どもと知の所有者である教師という二項の構図が制度化されている。教師は権威であり、評価者である。しかし、教師は実は自分の〈読み〉にそれほど確信があったわけではないのだ。そこで時には文学研究者、文芸評論家、作者の伝記、教科書出版社の指導書を〈読み〉の権威とし纏う。それほどまでに〈読み〉は不安な虚空の浮遊物なのである。

私たちはコミュニケーションを日本語でしている。それはことばを共有しているからではないのか。このことをさらに踏み込んで考えてみたい。日本語（学校では国語）を母語としている私は、日本語で世界を掬いとる。そこには音声・表記・文法などの約束事がある。これは、私の自由にならない。世界には現在も数千の言語が使われており、日本語はその中の一つである。日本語で見えない世界が他言語では見えることがあり、その逆も想像できる。日本語を母語とすることは、世界を日本語で掬いとったに過ぎず、そこからこぼれ落ちたものはカオスの闇にまぎれて沈んでしまうのである。日本語は世界の全てをつまびらかにしているのではなく、日本語の世界しか見えていないというのが正しい。

また私は、その日本語の約束事を受け入れて、日本語で思索し表現している。それなのに私の表現が読み手や聴き手にどう受けとられたかに確信が持てないのである。文学作品の〈読み〉も前述したように全く同様である。〈読み〉は日本語の言語文化に拘束され、さらに、読者自身のことば経験に囚われている。つまり、〈読み〉は厳しく一様ではあり得ない。読者の内なる現象である。つまり、〈読み〉は読者の思い込み、田中実の言う「虚偽」なのである。「権威ある文学者」の〈読み〉も、幼稚園児の〈読み〉もここに立てば等価である。

読者に現象した物語（〈本文〉）は思い込みの空中楼閣であり、カオスの宇宙に浮遊している。
このことを宮澤賢治は『春と修羅』の「序」に記している。

わたしといふ現象は／假定された有機交流電燈の／ひとつの青い照明です／（あらゆる透明な幽霊の複合體）／せわしくせわしく明滅しながら／いかにもたしかにともりつづける／因果交流電燈の／ひとつの青い照明です／（ひかりはたもち　その電燈は失われ）

〈本文〉は読者が意味づけた〈文脈〉である。〈文脈〉は因果の脈絡である。宇宙を己の因果で切り取ったのが〈文脈〉である。己に見えた因果からこぼれ落ちたカオスの世界、蓮實重彦の言う「過剰」[注4]は無限に広がっている。そして、「電燈は失われ」て《ホントウ》は見えない。これが私たちの〈本文〉が虚偽であることの意味である。

しかし、賢治は、「ひかりはたも」たれていると言っている。「電燈は失われ」ているが、いのちは「見えない《ホントウ》」（「電燈」）からのひかりに照らされ「青」く「明滅し」ている。〈読み〉はここと対峙することだと私は考える。「見えない《ホントウ》」（「電燈」）のひかり（＝影）で読者に生成した因果の〈文脈〉を照らすのである。それは、ことば以前に立ち返り己のことばの制度を壊し尽くすことで見える世界である、田中の「《原文》の影を掘り起こす」〈読み〉はここにつながる。

堀と私の隔絶は、読書行為の世界観の問題である。主人公の様子と気持ちと理由の読解論の世界観で作品を読むことは可能である。また近代科学の世界観、合理的因果の〈文脈〉で作品を読み、再生可能な思想を取り出す〈読み〉も可能だ。しかし今日、その科学もある条件の中での再生可能性であり、絶対普遍ではないと私たちは考えているのではないか。確かに考えは人それぞれである。しかし、それぞれでは「私」を生きていくことはできない。選択せねばならない。私は、「假定された有機交流電燈」の有機（いのち）のひかりで青い修羅の物語を照らし、己の《ホントウ》を求めてカオスを旅する空中楼閣でありたいと考える。

学生時代、森有正の『経験と思想』[注5]を偶然手に取り読み耽った。その後も森有正の著作から多くを学んできた。森有正は『経験と思想』の序で、コレージュ・ド・フランスの教授ポール・ミュス氏が『エスプリ』に書いた追悼文を紹介している。

> こういう話である。ミュス氏は小学時代を郷里の南仏で過ごしたが、その同窓にイラリオン・イカールという若い百姓がいた。兵隊にとられるとすぐ第一次世界大戦が勃発し、最前線に送られ、二週間も経たないうちに両手両足に重傷を負い、大不具者になってしまった。しかし彼は凡ゆる努力をして、義手義足を駆使してともかくも人並みに働けるようになった。七十年の勤勉な生涯を閉じた。ミュス氏が言うには、フランスにはこのようにデカルトの『方法叙説』を読む必要のない人間が多数いるのだ。だからこそまたデカルトのような人がでるのである、と。

イラリオン・イカールのように有責性のない運命を、あえて己の宿命として選択できる精神が、自由を手に入れることができるのだとミュス氏は語っているのである。これが、私の〈個の思想〉の原点になった。

堀が批判した私の論文は、直接は渋谷孝の『文学教育論批判』[注6]に対する応答として書いたものである。渋谷は奥田靖雄・荒木繁論争での奥田の論文を引き、「一九六〇年代以降の文学教育論は、一つの立場に基づく運動論であって、小・中・高校の国語科は、その「だし」に使われた観があったことが分かる。」と、反体制の文学教育を断罪した。私はこれを率直に受け止め、その上で、一介の実践者にすぎぬが、思想をどう考えて日々授業をしているかを述べ、渋谷の〈読み〉を批判した。簡潔に言えば、いかなる〈読み〉も客観、普遍であり得ない。渋谷の読解の〈読み〉も渋谷の思想の顕現である、という論旨である。反制度に正義があるのではなく、制度（物語）の向こうに「見えない《ホントウ》」を求めて己の内なる制度を問い続けるのである。私にとって〈個の思想〉は己のことば制度を削ぎ落とす向こうで窯変するものである。己の物語と己との格闘である。それは極めて手強い道程、あるいは不可能への挑戦とも言えよう。しかし、宮澤賢治やイラリオン・イカールは存在したのである。

3 堀祐嗣の文学教育実践論による中村批判

(1) 中村実践に見る理念との乖離

堀は、私の文学教育の実践理念を六点に要約し、分析批判した。文言に違和感は残るが、あえて全てを受け入れたい。その通りである。堀の批評は次の通りである。

① いかなる〈個の思想〉も尊重されると同時に批判されるべきである。

② 〈個の思想〉に関する①の理念は「文学教育」にも当て嵌まるものであり、「かなしみ」の意味づけのごとき文学教材の主題に関しては読者に委ねられるべきである。

③ 「文学教育」において〈主題〉から〈個の思想〉に踏み込む授業を行うことは、子どもたちに文学の率直な楽しみを保障する。

④ たとえ幼くとも、子どもたちにも〈個の思想〉や〈理想〉があり、文学教材から〈思想〉を学ぶこと

によって自己を相対化し、自己変革することが「文学教育」である。

⑤　具体的には一つ一つの文学教材が、例えば、「かなしみ」のような日常語を、これまでの意味に新しい意味を加え醸成させていくための学習材として機能する。

⑥　不登校、いじめ少年事件などを起こす現状の子どもたちの内面世界と対話を成立させ、生きる糧とさせるほどの力が、理想的な「文学教育」にはある。

〈個の思想〉に対する信仰のごとき信頼とともに、〈個の思想〉を形づくる〈ことば〉の学習（おそらくは〈個の思想〉に直結すると考えられる「かなしみ」のごとき日常的心情語）が見られる。〈ことば〉が生徒の内面生活に直結し、行動変容まで至るという大きな期待も見られる。中村龍一実践を検討する場合、中村のこうした「文学教材指導観」「文学教育観」を前提として検討することであろう。

（「文学教育に見る理論と実践の乖離」堀祐嗣『日本文学』八月号、二〇〇八）

【堀祐嗣の疑問点】

Ａ　第一の読み

（1）第一の問題は、教材を一行ずつ提示すること、提示する度に「どんな様子が浮かびますか」と問うことである。これを中村は「このようにして丁寧にことばにこだわり、イメージをつくり読みすすめた。」と述べている。しかし、授業記録を読む限り勝手なイメージを提示しているだけで

【中村龍一の回答】

子どもたちはこの詩とは初めての出会いである。教師が読み、一行板書しては、ノートに試写させ、思いついたことを自由に発言させた。丁寧とはこのプロセスの丁寧さであって、発言の質量に教師はこだわっていない。発言しなく

ある。例えば、そもそも、「雲を見ながら、ライオンが」という詩句のみから、なぜ晴れの日ののんびりとした雰囲気だけが提示されるのかが疑問である。「そろそろ雨になるのかもしれない」「どんよりとした雲に憂鬱な雰囲気になる」といったネガティヴなイメージが提示されても不思議のない場面である。筆者には中村の実践報告が虚偽とは言えないまでも、少なくとも自らの意図に合わせて事実が加工された報告であるように思われてならない。

(2) 第二の問題は「しみじみ」のあとの空欄に入れた生徒の反応分類についてである。中村は、「歩いて行った」という反応が二〇名から出たという。これは本当に二〇名だったのだろうか。中村の提示した反応分類には、疑問点が多すぎる。

(3) 第三の問題は、中村が〈縞馬を喰べた〉と原文を提示した段階での生徒の反応である。「なあんだ」、「意外と単純だな」「バカにしているよな」と三つの反応が例示されているこの三反応を受けて、中村は「なあんだそうか」

てもイメージと意味を考えている。

授業の導入で、「ライオン」という題名と作者名を板書した。さらに、ライオンについて前知識を出し合った。また、科学のアルバム『ライオン』（あかね書房、一九七〇）を資料につかった。「そろそろ雨になるのかもしれない」等は出なかった。

子どもたちの発言は、堀の言うように文言は違っている。「行った」、「並んで歩いた」などがあったが、子どもたちはそれを聴いているので類型化した。発言しなかった者には挙手させた。

これは私の予想通り。「なあんだ」は、擬人化で読んでいたが、「ライオンだから、そうだったか」である。一方、「意外と単純だな」、「バカにしているよな」は、ライオンが擬人化されと他の二例を異質な発言と捉えているがどれほどの差があるか。中村は発言の意図を取り違えているとすれば、この「しみじみと」のあとの穴埋めという学習活動自体が、中村の意図の通りには機能しなかったということである。これは中村実践の根幹を揺るがす重要な問題である。

B　第二の読み

(1) 第一の問題は、〈この思想〉形成に寄与するために「人間として生きることの矛盾した在り方」を考える場合に、授業の雰囲気(トーン)がこのままで良いのか、という問題である。

二箇所の「ライオン」という表記の上に「亭主」という短冊を貼付する。その上でまず「これを読んでみましょう」と指示する。しかし、「(しばし大笑い)」という但し書きがあるように、生徒の反応はしばらく騒然としたままである。中村はそれでも授業をすすめようとする。

(2) 第二の問題は「ライオンの世界」を「人間の世界」へと転換させるための仕掛けを「ライオン」から「亭主」への置換だけで最後まで推し進めようとしたことである。

たひねった詩だと思って、意外性のあることばを考えたのに、「縞馬じゃあ、ライオンそのまましゃないか」という反応である。

堀は私が授業で「ライオン」の表記を「亭主」にしたため、子どもたちが笑ったことを読みから離れたとし、自分だったら「男」にする、と述べている。私は厳密に表記された「女房」の対義語である「亭主」を辞書等で確認し、示しただけである。笑いをとる姑息な意図などはそこにはない。子どもが笑ったのはこの詩のことばが仕掛けた笑いである。

筆者は「亭主」という語への置換がふさわしくないと考えるので、「男」という語に置き換えて提示する。中村龍一には自らの授業意図を推し進めようとするばかりで、生徒の反応を引きとって再構成して返していく柔軟性がかけている。

（3）中村が授業の核としている、生徒康夫の反応の問題である。どれもその場のウケをねらったりその場の思いつきを述べたりといった無思考発言に過ぎない。

C　第三の読み

「この〈ライオン〉のしていることは縞馬を喰うことだけか」という発問によって、強引に持たされた意見である可能性が強いのである。中村は明らかに、自身の「人間として生きることとの矛盾した在り方」という思想へと生徒達を誘おうとしている。（中略）中村がこの授業の目的とした〈個の思想〉形成に寄与するという方向性とは、この授業は明らかに矛盾する。

笑って当然である。ここで笑えない文学の授業は悪しき学習規律に縛られている。

康夫の発言は無思考発言ではない。この問題は核心なので別項で詳述する。

教師は授業を仕組む。この授業は第一から第三の読みまで三単位時間で構成した。一単位時間目はストーリーを読み、二単位時間目は私の教材研究の〈読み〉に基づき、最終行の最後の語句を空欄にして考えさせた。三単位時間目は再び詩全体を読ませた。この授業の仕組みに私の教師としての仕掛けがある。堀の言うように誘い込んだのである。誘い込まない授業などあり得ない。この点を問題にするなら、堀は自身の作品論を示すべきである。私の授業の仕組みは自分の作品論、教材論に依拠しているからである。

4　康夫のことばの深層に《いのち》の声を聴く

(1)　康夫の七つの発言とまとめの感想に〈文脈〉は読めないか

ここでは「C　第三の読み」の堀の批判の核心について述べる。

中村の康夫分析には、康夫が「思想」を獲得するに至る変容のポイントに対する意識が欠落しているのである。七つの場当たり的な発言と、最後の感想文だけで〈個の思想〉の形成を捉えるのは早計と言わねばなるまい。そもそも康夫の感想文にはライオンの気持ちが「ようくわかった」という共感はあっても、人間に転移した記述はない。他の二人の感想[注7]がライオンの世界と人間の世界とを重ね合わせて論述しているのとは明らかに質が異なる。この康夫の作文からは、中村が意図した「人間の矛盾」に関する論述さえ見て取ることはできないのである。

【第二の読み】での康夫の発言とまとめの感想（TとCの発言番号はP191の授業の全記録に合わせた）

正美　人間も食べるものがなくなったら何でもたべるでしょう。

C8　ええー？（みんな否定的である）
正美　小学校の先生が言ってたけれど、南アメリカの山の中に飛行機が墜落したとき生きのこった人は死んだ人の肉を食べたって言ってたから。
康夫　（味が）まずいんじゃないの？
T10　ちょっと、話はずれたけど、人間を喰べるかどうかは別として、縞馬だったら喰べてもおかしくないか。
康夫　唾液たらたら流して喰べるの？（康夫は前時からの生きたままかぶりつくイメージである。）
C9　馬肉だって喰べるからな。
C10　縞馬が馬肉みたいだったら喰べるかも。
康夫　でも、がぶって嚙みついて喰べるかよ。（徐々に雑談的になって聞き取れない）
T11　智子さん。その話、みんなにしてごらん。みんなここで面白い話しているんだよ。
智子　人間は嚙みついてまるごと血だらけになって喰べないからおかしい。でも……。
T10　でも……。
智子　切って売ってる縞馬の肉ならおかしくない。
T14　なるほど「一キログラムください。」とかね。
康夫　本当に売ってるの？　……珍しい。
C12　売っているかもしれないよ。（熊の肉、アザラシの肉とか言っている）
かよ　私も智子さんと同じ意見です。そのまま喰べるというイメージはおかしくて、ただ「ライオン」という題名だから、生きたままかぶりつくという感じもするし、もし、題名が「亭主」だったら（連れだってでかけ／しみじみと縞馬を喰べた）その、縞馬が料理してあるんだったら、たとえばステーキみたいに。それ

T14　だったら、人間はレストランだって行くから、（連れだってレストランにでかけ）だったらおかしくない。そう考えれば、あり得ることだ。

香織　先生、質問なんですけど、〈喰べた〉の口偏のついているのと、いないのとどう違うんですか？

T16　どうでしょう。（沈黙）イメージで考えたら。

康夫　口をもっていって、思い切り喰った。かぶりついた。

T20　死んだのを拾って食ってるんだ。

C18　というか……捕まえて、死んだのを肉にする。

康夫　あの世に送ってから。（笑い）

康夫　供養して。（みんなが笑ってくれたのでさらにうけようと）

T23　誰が？

拓生　人間が家畜を育てて、大きくなって、食べごろになったら（笑い）捕まえて、切り刻んで肉にする。

ぼくはこのライオンの生きてゆく気持ちがようくわかった。ライオンも命あるものをころして生きているけれど、これはどうぶつの世界のやり方だからしょうがないとぼくは思った。でもこうゆうふうに生きていかないとライオンだって生きていかなくちゃいけないのでしょうがないと思った。（康夫のまとめの感想）

このみじかい詩の中に〈ライオン〉の生きてく上での考え方や気持ちが描かれていた。とても平和だが、生きるために生物を殺さなくてはいけないことにさびしさを感じていると思った。人間も〈ライオン〉と同じように生物を殺して食べている。生きていくために殺さなくてはならないのは仕方ない。この〈ライオン〉のように自分が生きるために殺さなければならないことにさびしさを感じたり、また、その生物に感謝の気持ちを持つことは大事なことだと思った。

でも、生きものをたべることによって、自分が生きるということは、自分の中にその生物が生きているということになると思う。自分の命が他の生物に支えられていると考えれば、ただ、残酷だけとは考えなくなると思う。だから、さびしさや感謝の気持ちを持ったのだと思う。

（嘉彦のまとめの感想）

康夫のことを今思い出しても、丸顔の笑顔と友だちとふざけ合っている姿が思い浮かぶ。女の子の間でもいたずらだが憎めない子だと受け入れられていた。コツコツと努力しなければならない国語は少々苦手だったが、それでも、おしゃべりは好きだからよく発言をしてくれた。優しさと共に孤独な一面があることを感じたこともあった。脱線も少なくなかったが、彼の予想外の発言が読みを深めることも少なくなかった。中学生の自己表現は友だち、とりわけ異性を意識し始めると屈折したものとなる。康夫の表現は笑いのなかに本音を忍ばせるものであった。

「ライオン」の時の康夫には、〈本文〉が彼の中に鮮明に生まれたのだ。ライオン夫婦の世界がイメージできたのである。だから、彼特有の話体（ウケ）に包んで本音を語ったのである。彼は「喰う」をありありとイメージした。「この仲むつまじい夫婦が喰うか？　そんなはずはない。」と繰り返し食い下がった。あの時の私は、どうしても、「人間だって殺してるだろう。」と康夫に突きつけたくなった（少々、意地悪っぽく）。康夫は人間は命を「供養」してあの世に送るのだと言う。確かに人間はけがれの行為を浄める儀式を文化として持っている。康夫は最後まで、人間は殺して喰っているとは言わなかった。その後、彼は授業で沈黙する。友だちの発言をじっと聴いていたのである。この沈黙に私は、「康夫は言い負かされたと思い、落ちこんでしまったかな。」と心配になった記憶がある。しかし、まとめの感想を読んで、私に康夫の沈黙の意味が分かってきたのである。

堀は嘉彦のまとめの感想をむしろ評価している。嘉彦の書いた「自分が生きるということは、自分の中にその生物が生きているということになると思う。」と、「しみじみと」を感謝でとらえた認識には、わたしも共感した。しかし、康夫の「まとめの感想」は〈文脈〉の深層に康夫の《いのち》の声が聴こえる。康夫の「沈黙」こそ彼の先入見の〈文脈〉が瓦解してゆくプロセスだった。この「沈黙」が康夫に《意味の無化》（《ことばの零度》）を潜らせたのである。そして、「ぼくはこのライオンの生きてゆく気持ちがようくわかった。」ということばを獲得したのである。

堀の言う「七つの場当たり的な発言と最後の感想文」は、康夫の思いつきのことばの散乱した瓦礫ではない。自分のことばを超えたもの・ゴトをことばにしようとするとき、人は理路整然と語り得るだろうか。あの文章の息づかいに、沈黙に、ことばにならないもの・ゴトをことばにしようとした康夫の懸命な表現がなぜ読めないだろうか。康夫の〈文脈〉が私には明らかに読み取れる。これが、私に読めた康夫の「ライオン」の物語である。康夫の「まとめの感想」はあの授業で一番すばらしい文章だと言ってもいい。この思いがあったからあの論文を私は書いたのだ。

（2）　堀祐嗣の「オツベルと象」の実践報告

ここまでくるとベテラン国語教師である堀が康夫をなぜ読めないのか、堀の実践を例に検証してみたいと思う。

堀祐嗣は、日本文学協会国語教育部会夏期研修会（二〇〇七・八・一二）で『物語＋〈語り手〉の自己表出』教材化の試み（Ⅰ）〜『オツベルと象』（宮沢賢治作）／教出一年）を教材として〜」を発表した。私が司会を担当した。この時の実践記録を交えた発表をとりあげ検証してみたい。

堀は、日本文学協会国語教育部会には見るべき実践はないとして、二人の会員の実践報告を厳しく批判した。二人の会員の実践に対する堀の批判が妥当であるかどうかは、ここでは問わない。その上で、私は実践者堀祐嗣の『自己倒壊』は生徒のうちにこそ起こさねばならない」に心から共感できる。その通りである。

田中実の小説概念を「物語＋〈語り手〉の自己表出」と規定する提案に、筆者（堀）も賛同する者の一人である。……しかし、こうした理念を学校教育において、しかも国語科の授業において実現させるとなると、それは至難の業であると言わねばならない。大まかに類推して、最低でも次の一〇段階が必要である[注8]。

堀はこう前段で述べ、「一〇の読みの技術」の①～③、〈語り手〉の「概念習得」と「概念活用」を次のように授業した。

①「物語」と「語り手の自己表出」の概念習得のトレーニング

①森くんが山下くんをひどくなぐった。②まったく森くんはひどいやつだ。

T1　どちらが『事実』で、どちらが『意見』ですか？

C　①が事実②意見

T2　確かに①は『事実』、②が『意見』と言えそうです。しかし、これは実は文①は『どちらかといえば事実の文』、文②は『どちらかといえば意見の文である……』

T3　文①と文②を文節に分けてみます。（後略）この『森くんが山下くんをひどくなぐった』という文の発話者が堀先生だとします。

板書　堀先生が物語る……

T4　この四つの文節『森くんが』『山下くんを』『ひどく』『なぐった』の中に、堀先生のこの事件に対する評価がなされている部分があります。どれですか？

C　「ひどく」です。

T5　そうです。では、森くんは山下くんを何発なぐったのですか？

C　（「一発や二発でない。たくさんなぐった。」「いや一発思いっきり強くなぐったかもしれない」）

T6　「……そう言う事実を堀先生は自分の意見として『ひどく』と表現したのです。『事実』と『意見』の間にはこういう関係があります。」とまとめる。

この後、堀は、『オツベルと象』に返り、マーカーペンで「百姓ども」の「ども」をマーキングさせ、そこから、語り手〈牛飼い〉の評価を考えさせてる。

さらに、「他に『牛飼いの評価』が表れている表現には、どんなものがありますか？」と問い、生徒たちに自力で〈牛飼い〉の主体的表現を指摘させる。生徒たちがマーキングした部分をゴシックにするとこうなった。

一六人の百姓**どもが**、顔を**まるっきり**真っ赤にして足を踏んで機械を回し、**小山のように**積まれた稲を**かたっぱしからこいていく。**

（中略）

②**【課題1】牛飼いはなぜ、第三・第四日曜を語らなかったか**

ア　4人一組のグループでの話し合い、課題を解決する。

イ　課題作文を執筆する。

A　牛飼いが第三・第四日曜を語らなかったのは、オツベルが同じことを繰り返していたからである。
　理由は以下の二点である。第一に、第二日曜の三日間である。オツベルはこの三日間、白象の性格の良さをとことん利用して辛くあたった。この後もオツベルがそれを続けたことは、日に日に減っていくわらの量から容易にわかる。第二に、牛飼いのオツベルへの態度である。第二日曜の最後の段落からは、牛飼いがオツベルにあきれ始めていることがわかる。（男子）

B　牛飼いはなぜ、第三・第四日曜を語らなかったか、それはオツベルを軽蔑したからである。理由は以下の二点である。第一に白象に対する仕方である。オツベルは、白象を金儲けに使うだけでなく、わらを減らすなどの効率をだけを考えた。白象は道具にすぎない。第二に、オツベルに対して呆れたこともあったはずだ。牛飼いは第二日曜の最後で、「たいしたもんさ」と言っている。これはオツベルの考え方に呆れたことを意味しているではないか。（男子）

C　牛飼いが第三・第四日曜を語らなかったのは、オツベルに対する評価が変わったからである。理由は二つある。第一に、この間にオツベルが白象を徹底的にこき使ったからである。大きな労働をさせ、えさを減らし、素直な白象が「赤い竜の目」をするほどになっている。第二に、自分が評価していたオツベルが白象への行いの報いで死んでしまったからである。これを知られると、これまで「たいしたもんだ」とまで言っていたことが、自分が人を見る目がないことになってしまう。（女子）

まず、前半は、「事実」と「意見」を語りの中から分別しようとする学習である。「技術」を習得（練習）させてそれを活用させようという堀の〈読み〉の学習のメカニズムが読み取れる。堀は、文学作品では『語りの自己表出』（意見）と『出来事』（事実）に分けることが可能だと考えている。「どちらかといえば事実の文」、「どちらかといえば意見の文」という堀のコメントがあるにしても、一つの文には「事実」と「意見」が混在しており、文節の単位にまで戻せば分別に近づけるという堀の見解がある。

そうだろうか。実は全ての文言のどれをとっても堀の言う『事実』と『意見』は引き出せるのではないか。「森くん」の呼称は語り手〈堀先生〉との関係を自己表出している。また、「ひどく」は語り手〈堀先生〉の自己表出度は高いが、事実も内在させている。なぜなら、堀のいう『事実』は、語り手〈堀先生〉の思い込み（偏見）の出来事だからである。「なぐった」は、「たたいた」とも「ぶん殴った」、あるいは「パンチした」とも言い得たかも知れない。でも、〈堀先生〉は「なぐった」を選び取ったのである。堀のように実体として『事実』と『意見』を個別に抽出することはできない。遠近法から引き出さなくてはならない。これは文と文の関係、段落と段落の関係にも及ぶ。

表現すべてに物語内容と語りの自己表出が織り込まれている。物語は実体の『事実』ではない。〈牛飼い〉

に現象した関係の事実である。

次に、堀は、作品の〈読み〉を須貝千里の教材論に依拠し、授業を仕組んでいる。そこで、須貝の教材論にある「「第二日曜」から「第五日曜」までの三週間の間に語り手には、いったい何が起こったのか。」[注9]を学習課題とした。堀祐嗣はなぜ自分の教材論を書かないのだろう。そこから学習課題を論じないのだろう。私は堀の作品論・教材論を一度も読んだことがない。

堀の発表原稿の八名中三人の子どもたちの作文を前に引用した。ここでは堀の授業の仕組みを問題にしたい。（子どもの文章の評価ではない）。まず、論理の筋は限定され、穴埋めのワークシートのように、ほぼパターン化されている。

牛飼いが第三・第四日曜を語らなかったのは（　　　　　）からである。理由は以下の二点である。
第一に、（　　　　　）。第二に、（　　　　　）。

これは、固定した論理の枠に証拠を当てはめ提出するような作文である。子どもたちは書いてあることを実体として指摘している。しかし読者が〈いのち〉を吹き込んだプロットの因果こそが〈本文〉なのだ。さらに、その〈本文〉を問い返すのが〈読み〉であると私は考えている。つまり、第三・第四日曜を語らなかった理由は、「オツベルが同じことを繰り返していた」、「オツベルを軽蔑した」、「オツベルに対する評価が変わった」等、生徒の文章のどれもが思い込みである。しかし、その信憑を語り合い、説明し合うことに価値がある。

私は、堀は「オツベルと象」を読み間違えていると考える。いや、須貝の論文は読んでも、自身が「オツベルと象」を読み込んでいないのかも知れない。実は須貝千里が「「第二日曜」から「第五日曜」までの三週間の間に語り手には、いったい何が起こったのか。」と問うたそのことこそが第五日曜で語られた内容だからである。オツベルは象に潰され命を落とした。しかし、助けられた白象がなぜか、「ああ、ありがとう。ほんとにぼくは助かったよ」と寂しく笑って言ったのだ。なぜだろうか？　語り手、牛飼いが抱え込んでしまった深い闇である。これが語り手の「心のドラマ」、その深層で起こったことである。私はそう読んでいる。

個の思想は差異の陳列ではない。全員のまとめの感想の提示を堀は常に求めるが、どの子どもにも間違いなく〈文脈〉が現象している。堀が批判した私の論文では、私は康夫の〈文脈〉を取り上げたかったのである。一見すると一番書けていないかに見える康夫の〈読み〉をこそ評価できると述べたかったのである。康夫の「まとめの感想」の堀の評価はそこに「書いてあるか、いないか」が評価の観点である。堀の授業がそうであるように記述に意味が貼り付いている。子どもの外部に童話「オツベルと象」があり、子どもたちはその外部の物語を批評し評論文を書く。しかし、読みとった〈本文〉が「私」である。童話「オツベルと象」は、私の外部にはない。〈読み〉は、己の〈本文〉の中のことばの権威を削ぎ落とし、《意味の零度》から、己の〈文脈〉をとらえ直す過程で形成される。読み手は人物を生き、語り手を生きるのである。

堀は子どもの深層の〈文脈〉を読もうとしない。子どもの発言や文章はそのことばの表層だけで評価できない。また、するべきではない。子どもの表現の深層にある〈文脈〉をどう読むかが、教師に問われている。また、表記されたことばの表層だけを根拠に〈読み〉の深化を短絡的に証せるとは限らない。認識に関わる学習評価の難問がそこには横たわっている。康夫の「ぼくはこのライオンの生きていく気持ちがようくわかった。」は、詩「ライオン」の〈読み〉としてどこに不足があろう。康夫の発見と感動が伝わるいい文章ではないか。

私の〈個の思想〉は己の制度を削ぎ落とし、ことばの向こうで醸成していくものである。「かなしみ」も「悲しみ」[注10]もそれが何ものであるか、その絶対普遍を定義することは誰もできない。しかし、ことばの向こうからのまなざしで己の頑なな制度が瓦解し、ことばが窯変していく。〈個の思想〉はその時々の私の思い込みではあるが、その時私が確かに実感できたいとおしい「かなしみ」が私の中で沈殿していく。その外部に「かなしみ」の実体はない。

二〇年前、康夫に教えられた〈個の思想〉問題は私と共に流転し、今も生き続けている。それは、「ことばの深層に《いのち》の声を聴こう」とすることだ。

【注1】『月刊国語教育』（東京法令）誌上で鶴田清司氏と中村龍一で交わされた論争
（1）「『心の教育』のまえに『読み方指導』を」鶴田清司　（一九九八・六）
（2）「鶴田『言語教育』批判――心情主義『読み方指導』批判に応える」中村龍一（一九九八・一一）
（3）「言語技術教育は思い入れの読みを排す」鶴田清司　（一九九九・二）

【注2】「文学教育に見る理論と実践の乖離」堀祐嗣（『日本文学』八月号、二〇〇八）

【注3】「詩『ライオン』と子どもの思想」中村龍一（『日本文学』八月号、一九九七）

【注4】『事件の現場』（蓮見重彦、朝日出版社、一九八〇・一二）
「批評にとって作品とは何か」（吉本隆明＋蓮見重彦）の対談で、「わたし自身は、文学という場を、欠如によって、あるいは禁止によって、あるいは不可能によって自分の中に取り込みたくないと思うのです。……物事を、欠如ではなくむしろ過剰によって、もしくは存在そのものによって肯定したいという気持があるわけです。」と述べている。私は文学という場は、過剰の世界に生きて、「見えない《ホントウ》」を掘り起こすことだと考えている。

【注5】『経験と思想』（森有正、岩波書店、一九七七・七）

【注6】『文学教育論批判』（渋谷孝、明治図書、一九八八・一〇）

【注7】【注3】に掲載した拓生と嘉彦の「まとめの感想」

［注8］　堀祐嗣の「〈読み〉のメカニズム」（『一〇の読みの技術』）は「一〇の読みの技術」を段階的に課題として学ばせていくことを構想している。それは可能か、また有効か？　それを堀の発表から検討してみたい。見通しをよくするために私が作った小見出しで整理する。（ゴチック筆者）

［注9］　「〈「ことば」は伝わらない〉問題を超えられるか―オツベルと象の謎―」（『文学の力×教材の力』中学校編一年　田中実・須貝千里編（教育出版、二〇〇一・六）

［注10］　『文学教育批判』にある詩「かなしみ」（谷川俊太郎）の渋谷孝の実践に対する中村の批判を指す。［注3］に掲載

【概念習得】

（1）文学作品における「語り手」の存在を認識すること

（2）文学作品における登場人物の行動・心象を含めたすべての物語を「語り手」が統括し自己表出している主体であるという認識を持つ

【概念活用】

（3）文学作品における「語り手」が具体的登場人物ではなく、物語を統括している機能概念であるという感覚に慣れるとともに体感すること

（4）文学作品における「語り手」の機能性において、「語り手」が〈わたしの中の他者〉と「了解不能の《他者》」とを識別している作品にこそ価値を認めるという感覚に慣れるとともに体感すること。

【認識技術の習得】

（5）文学作品における「語り手」の機能性について、自己の環境に対する適応性に還元して思考することに慣れるとともに体感する。

（6）文学作品における「語り手」の機能性を自己に還元して思考し、その体験を媒介として自己倒壊すること

【認識技術の活用】

（7）文学作品における「語り手」の機能性を媒介として自己倒壊する体験を数回経ることによって、文学作

品の機能性を実感し体感すること

（8）文学作品の機能性を実感し体感することによって、自らの「共同性」を倒壊させ「公共性」を目指す人生観を形成すること

【他者交流・言語主体の形成】

（9）文学作品の機能性を他者と交流し、「夢の読者共同体」を形成すること

（10）「夢の読者共同体」の形成によって、「公共性」を目指す一人格として自らをメタ認知する主体として行動すること

初出一覧

序章　文学教育の〈読み〉の原理

「詩「未確認飛行物体」（入沢康夫）の授業構想」（「リレー連載　生徒を生かす文学の教室」『月刊国語教育』九月号、東京法令出版、二〇一〇）

第一章　物語批評から深層批評へ

1　童話「のらねこ」――（三木卓）の面白さを引き出す（『ストーリーの読みから意味の読みへ』ことばと教育の会　二〇一二出版予定）

2　「物語と語り手の相克―「猫の事務所」（宮澤賢治）」（『解釈と鑑賞』七月号、至文堂、二〇一一）

第二章　文学の教育の課題と授業を愉しむ〈読み〉の原理

1　「〈読む〉とはどういうことか―「白いぼうし」（あまん　きみこ）」（『日本文学』十二月号、二〇〇六、日本文学協会国語教育部会　第五八回　夏期研究集会　基調報告　奈良教育大付小にて）

2　「「私」を問うこと、それは思い入れの〈読み〉から始まる」

――語りと読者の相関関係としての読書行為を考える――

（『日文協　国語教育』NO34号、二〇〇四・五、第五五回日本文学協会国語教育部会　夏期研究集会シンポジュウム報告）

第三章　ことばに《いのち》を読む文学の授業

1　「文学作品の「問い」と向き合う子どもたち　六年生が絵本『しばてん』（たしま　せいぞう）を読む」（第五五回日本文学協会国語教育部会　夏期研究集会、二〇〇三・八、熱海にて）

2　〈子どものことば〉の自立と共生を求めて―中二が「少年の日の思い出」（ヘルマン・ヘッセ）を読む（『日本文学』二〇〇二・三、日本文学協会第五六回大会シンポジウム報告）

3　「〈読み〉の手がかりは何か―「空中ブランコ乗りのキキ」（別役実）（第五四回日本文学協会国語教育部会　夏期研究集会　講

座・中学校、二〇〇二・八、熱海にて）

第四章　言語技術批判　詩「ライオン」をめぐる鶴田・中村論争

1　「詩『ライオン』（工藤直子作）1と子どもの思想」（『日本文学』八月号、一九九七）

2　「鶴田「言語技術教育」批判「心情主義」批判に答える」（『月刊国語教育』十一月号、東京法令出版、一九九八）

終章　物語と格闘する読者（書き下ろし）

あとがき

「はるか、ノスタルジー――失われた時を求めて」（山中亘、講談社、一九九二・二）という小説がある。大林宣彦監督、石田ひかり主演で映画化するために書かれた。舞台は私の故郷の小樽である。作者の山中亘は一九三一年（昭和六）小樽市稲穂町で生まれている。小学校二年生で神奈川の平塚に転居した。

私は、一九四六年（昭和二十一）に小樽市堺町一一番地に生まれ、小学校時代まで過ごした。家は水天宮から見晴坂を下ってホクレンビルの路地の向かい側にあった。進駐軍が倉庫にしていた細長い平屋を改造し、堤自転車屋さんと二軒で住んでいた。だから、朝鮮戦争の頃の小樽はよく憶えている。

山中亘の小説は女子高生の江波はるか（石田ひかり）を通して、トラベル・ジャーナリスト綾瀬慎介（勝野洋）が取材で小樽を訪れ、小樽公園のポプラの木に埋めてきた過去の自分＝佐藤弘（松田洋治）と遭遇し、葛藤から和解に至る体外離脱の超常現象の物語である。偶然この小説を手にし、衝撃を受けた。体外離脱の「佐藤弘と綾瀬慎介」の相克が私の精神世界とどこか重なったからである。

明治四十四年東京小石川生まれの父は、十二年間海軍の兵士だった。生きていれば百二歳である。父は戦後を無能の人として生き通した。今になって、幼き日の私の記憶にある父の荒れた姿が生き場のない精神の自爆であったかと思い当たる。母は小樽で恵まれた娘時代を過ごしたが、初恋の人は戦死した。まだ小学生の私に伊藤整の話をしてくれた文学少女でもあった。我が家の家計を背負い、三人の子どもを育ててくれた母は、今は私の中で観音様となった。二十代半ば私はその家族を棄てて生きるのだが、一九五八年三月、私も佐藤弘のように少年時代の自分を堺小学校裏門のポプラの大木に埋めてきてしまったのかもしれない。

私は二十五歳で石川千恵と出会って二人の娘を授かった。私と妻は同い年でまさに戦後民主主義の申し子である。しかし、民主主義神話を背負った私たちの世代の不幸は、その神が戦いの相手だったことである。神話を背負い神と闘う運命が待っていた。ある者は力尽き、ある者は命を繫いだ。今、差異の体系、神無き世界でズタズタになりながらもまだ私も死ねないでいる。

現在は大学の非常勤講師に籍を置き国語教育を研究対象にしてはいるが、私は二十六歳から公立中学校の国語教師として教員生活を三十三年間過ごした。町医者が日々を患者と格闘しながらも研究を怠らないのと同様、国語教師は、日本語の町医者として実践研究を手放してはならないと考えてきた。したがって、私の勉強は臨床研究であり実践理論研究である。大学での研究が「最先端」ならば、私が見据えているのは「最前線」である。そして、このことは私のささやかなプライドである。だが、「最先端」の理論研究は研究者に任せておけばいいという考えにも同意できない。町医者は医療の「最先端」を常に注目していなくてはならない。

教師は一職業である。しかし、偶然に担任したたに過ぎない子どもたちであっても生活を共にすることで愛着が湧く。字が読めなければ読めるようにしてあげたい、文章が綴れなければ上手に書けたと褒めてあげたいと思い、指導の手だてを模索し自らも学ぶ。国語教育のあらゆる理論研究は、この教師の一人ひとりの子どもに対する願いに始まらなくてはならない。私が文科省の学力調査に疑念を表し、言語技術や言語活動に主義をつけて批判する不遜は、その必要に一定の理解はできても、教育は教師と子どもの信頼関係で成立するという確信があるからである。平均点やマニュアルは教師の側の必要である。子どもは工場生産できない。どんなに手が掛かっても、教師は学校や学級の集団のなかで一人ひとりの子どもを診る町医者なのだ。

本著を現場国語教師、未来の国語教師の方々に捧げると共に、国語教育の研究者は勿論、読んで下さった方々からの厳しい批判を戴ければ幸いである。

最後に、私の初めての単著といってもいいこの本が世に出るにあたってはひつじ書房の森脇尊志さんのお力添えに負うところが大きい。細かな表現にも的確丁寧な指摘や助言をいただいた。心から御礼申し上げる。

また、詩人谷川俊太郎氏、工藤直子氏には、「かなしみ」（谷川俊太郎）、「ライオン」（工藤直子）の作品掲載についての不躾な依頼を申し上げたにもかかわらず、こころよく許諾を戴けたことを厚く感謝いたします。

も

よ

り

れ

わ

て

と

に

ね

の

は

ひ

ふ

ほ

ま

み

む

め

事項索引

人名索引

あ

か

さ

た

な

は

ま

【著者紹介】

中村龍一（なかむら りゅういち）

〈略歴〉

一九四六年北海道小樽市生まれ。明治大学二部文学部（文芸学）に在学中「劇団角笛」（影絵劇児童劇団）に入社。卒業後、千葉県立桜ヶ丘養護学校教諭をスタートに習志野市立第三中学校教諭等、習志野市中学校国語教師を経験し、国語科指導主事、第五中学校教頭等を経て、袖ヶ浦西小学校校長。二〇〇七年に定年退職。現在は都留文科大学国文学科非常勤講師。日本文学協会、日本国語教育学会、全国大学国語教育学会に所属。

〈主な著書・論文〉

［単著］『文芸研　教材研究ハンドブック　故郷』（明治図書）。［共著］『子どもと創る　国語科基礎・基本の授業　小5』（国土社（編著））、『国語教室宣言』（国土社）、『文学の力×教材の力（中学校2年）』（教育出版）、『新しい作品論へ、新しい教材論へ（高校評論編2）』（右文書院）等。

「語り論」がひらく文学の授業

発行　二〇一二年一一月三〇日　初版一刷
定価　二四〇〇円＋税
著者　©中村龍一
発行者　松本功
装丁者　上田真未
組版者　内山彰議（4&4, 2）
印刷・製本所　株式会社 シナノ
発行所　株式会社 ひつじ書房
〒一一二-〇〇一一
東京都文京区千石二-一-二　大和ビル二階
Tel. 03-5319-4916　Fax. 03-5319-4917
郵便振替 00120-8-142852
toiawase@hituzi.co.jp　http://www.hituzi.co.jp/
ISBN978-4-89476-636-5　C1091

明治詩の成立と展開
——学校教育との関わりから
山本康治著
定価五六〇〇円＋税

声で思考する国語教育
——〈教室〉の音読・朗読実践構想
中村佳文著
定価二二〇〇円＋税

ひつじ研究叢書（文学編）4
高度経済成長期の文学
石川巧 著
定価六八〇〇円＋税

ひつじ研究叢書（文学編）5
日本統治期台湾と帝国の〈文壇〉
——〈文学懸賞〉がつくる〈日本語文学〉
和泉司 著
定価六六〇〇円＋税